KB275046

100가지 키워드로 쉽게 풀어 쓴

상속·증여 절세노트

100가지 키워드로 쉽게 풀어 쓴
상속·증여 절세노트
이상화·이승택·백인협 지음
두드림미디어

상속과 증여,
알고 준비하면 부담이 줄어듭니다.

누구나 언젠가 마주하게 되는 일이 있습니다.

부모님의 재산을 물려받거나, 자녀에게 재산을 이전하는 일입니다. 그러나 막상 그 순간이 다가오면, '세금은 얼마나 내야 하지?', '상속과 증여 중 무엇이 더 유리할까?', '절차는 어떻게 진행될까?'와 같은 의문이 쏟아집니다.

상속세와 증여세는 단순한 계산 문제가 아닙니다.

가족 관계, 재산 구조, 생전의 계획이 복합적으로 얽혀 있는 영역입니다. 많은 분들이 "부자들만 신경 쓰는 세금이 아닌가요?"라고 묻지만, 실제로는 평범한 가정에서도 적지 않은 부담이 발생합니다. 그 차이를 만드는 핵심은 '미리 알고 준비했는가'입니다.

이 책은 상속과 증여를 둘러싼 다양한 궁금증을 쉽고 명확하게 풀어 내기 위해 만들어졌습니다. 많은 사람들이 가장 자주 묻는 질문 100가지를 골라 핵심 개념과 내용을 키워드 중심으로 정리했습니다. "배우자 공제는 어느 정도 받을 수 있나요?", "손주에게 증여하면 유리할까요?", "상속세는 언제까지 신고해야 하나요?" 등 실제 상황에서 바로 활용할 수 있는 내용으로 구성했습니다.

이 책의 목적은 단순히 세금을 줄이는 데 있지 않습니다. 정확한 이해를 기반으로 현명한 선택을 하고, 가족 간에 불필요한 갈등 없이 재산을 이전할 수 있도록 돕는 것, 그것이 이 책이 전하고자 하는 가장 중요한 메시지입니다.

세법은 복잡하고 자주 바뀌지만, 원칙은 분명합니다.

"미리 알고, 올바르게 준비하는 것."

세금은 피해야 할 대상이 아니라, 제대로 관리하고 준비해야 하는 영역입니다. 이것이 가장 확실한 절세의 시작입니다.

이 책이 상속과 증여를 처음 접하는 분들에게는 기본 안내서로, 이미 경험해본 분들에게는 다시 점검할 수 있는 지침서가 되길 바랍니다. 무엇보다도, 가족의 마음까지 지켜주는 책이 되기를 진심으로 바랍니다.

이상화, 이승택, 백인협

CONTENTS

CHAPTER 01
상속세

CHAPTER 02
증여세

TAX

CHAPTER 01

상속세

001

가상자산(코인)
- 상속받은 가상자산도 세금을 내나요?

코인·암호화폐라고 부르는 가상자산이란, 경제적 가치를 지닌 것으로서 전자적으로 거래 또는 이전될 수 있는 전자적 증표(그에 관한 일체의 권리 포함)를 말합니다. 흔히 알고 있는 비트코인, 이더리움 등이 가상자산입니다.

상속받은 가상자산도 과세 대상인가요?

상속재산이란, 피상속인에게 귀속되는 모든 재산으로 금전으로, 환산할 수 있는 경제적 가치가 있는 모든 물건을 말합니다. 가상자산도 마찬가지로 경제적 가치가 있기에 상속재산에 포함되어 과세 대상에 해당합니다.

가상자산은 어떻게 평가해서 상속재산에 포함될까요?

가상자산도 상장 주식처럼 시세가 매일 변동하기 때문에 상속개시일 전후 1개월 동안에 가상자산사업자가 공시하는 일평균가액의 평균액으로 평가해 상속재산에 포함됩니다.

- 비트코인 등 가상자산도 상속재산에 포함
- 상속개시일 전후 1개월간 공시된 일평균가액의 평균으로 평가

002
가업
- 가업상속공제는 어떻게 받을 수 있나요?

(단위 : 건, 억 원)

구분	2019년	2020년	2021년	2022년	2023년
건수	88	106	110	147	188
공제금액	2,363	4,210	3,475	3,430	8,378

가업상속공제 혜택 현황(2019~2023년)

중소기업을 운영하는 경우, 자녀와 함께 일하고 자녀에게 가업을 물려주려고 하는 경우가 많습니다. 이러한 경우에 상속인이 가업을 이어가려고 할 때, 상속세가 가장 큰 걸림돌이 될 수 있습니다. 상속세 부담을 완화하기 위해 세법에서는 가업을 승계하는 경우, 최대 600억 원까지 공제해주는데, 이를 '가업상속공제'라고 합니다.

가업상속공제는 가업상속재산에 대해서만 공제하고, 가업의 영위 기간에 따라 한도가 있습니다.

가업 영위 기간	공제 한도액
10년 이상	300억 원
20년 이상	400억 원
30년 이상	600억 원

가업 영위 기간에 따른 공제 한도액

가업상속공제를 받으려면 다음의 요건을 충족해야 합니다.

가업

① 상속세 및 증여세법에 따른 일정 업종을 주된 사업으로 하고, 10년 이상 계속해서 경영한 중소기업 또는 중견기업
② 중소기업 : 자산총액이 5,000억 원 미만인 기업
③ 중견기업 : 상속개시일 직전 3개 사업연도의 평균 매출액이 5,000억 원 미만인 기업

피상속인 요건

피상속인이 최대주주 등인 경우로서, 피상속인과 그의 특수관계인 주식(지분) 등을 합해 40% 이상을 10년 이상 계속해서 보유하고, 다음 3가지 중 하나에 해당하는 기간을 대표이사(개인사업자인 경우에는 대표자)로 재직해야 합니다.

① 가업 영위 기간 중 50% 이상의 기간
② 10년 이상의 기간(통산해 10년)
③ 상속개시일부터 소급해 10년 중 5년 이상의 기간

상속인 요건

① 상속개시일 현재 만 18세 이상

② 상속개시일 전에 가업의 영위 기간 중 2년 이상 가업에 종사

③ 상속세 신고 기한까지 임원으로 취임하고, 상속세 신고 기한부터
2년 이내에 대표이사(대표자)로 취임

가업상속공제를 적용받고, 상속개시일부터 5년간 사후 관리가 필요합니다. 다음의 경우에 해당할 때는 공제받은 금액에 대해 상속세가 부과될 수 있습니다.

① 가업상속자산을 40% 이상 처분한 경우

② 상속인이 가업에 종사하지 않는 경우

③ 상속받은 주식(지분) 등을 처분해 감소한 경우

④ 상속개시일부터 5년간 고용한 근로자와 총급여액의 평균이 90%
에 미달하는 경우

핵심요약

- 기업상속공제는 최대 600억 원까지 가능하며 가업·피상속인·상속인
요건 충족이 필수
- 가업 영위 기간(10·20·30년)에 따라 공제 한도가 다름.
- 상속개시 후 5년간 자산·고용 유지 등 사후 관리 요건

003

간주상속재산
- 간주상속재산이란 무엇인가요?

간주상속재산은 본래의 상속재산은 아니지만, 실질이 상속재산과 동일하다고 보는 재산을 말합니다. 피상속인의 사망으로 인해서 받는 보험금, 퇴직금 등과 피상속인이 신탁한 재산은 상속재산으로 보는데, 이를 '간주(의제)상속재산'이라고 합니다.

다음에 해당하는 금액이 있다면, 상속재산에 포함시켜야 합니다.

보험금

기본적으로 피상속인이 보험계약자(보험료 납부자)인 보험계약에 의해 받는 것은 상속재산으로 봅니다. 또한 피상속인이 보험계약자가 아닌 경우에도 실질적으로 보험료를 납부했다면 상속재산으로 볼 수 있습니다.

보험금을 상속재산에 포함시켜야 하는지는 보험증권, 가입증명서, 납부자 등이 누구인지에 따라 판단해야 합니다.

퇴직금

피상속인의 사망으로 인해 지급되는 퇴직금, 퇴직수당, 공로금, 연금, 또는 이와 유사한 것은 상속재산으로 봅니다. 다만, 일정한 법에 따라 지급되는 유족연금 등은 상속재산으로 보지 않습니다.

신탁재산

피상속인이 신탁한 재산이나, 신탁으로 인해 신탁의 이익을 받을 권리를 소유하고 있는 경우, 그 이익 상당액 등은 상속재산으로 봅니다.

> **핵심요약**
>
> - 보험금, 퇴직금, 신탁재산 등은 실질적으로 상속재산으로 봄.
> - 보험금은 피상속인의 납입 여부나 계약 조건에 따라 포함 여부를 판단
> - 법령상 공적연금, 유족연금 등은 과세 대상에서 제외

감정평가
- 상속받은 부동산, 감정평가 받아야 하나요?

상속재산의 평가는 시가로 평가하는 것이 원칙이고, 시가가 없으면 보충적 평가 방법으로 평가합니다. 시가에는 매매·감정·수용·경매·공매가액 등이 있습니다.

시가에 해당하는 금액이 있다면 감정평가를 받지 않아도 되고, 시가가 없다고 하더라고 보충적 평가 방법을 적용해 상속재산을 평가해도 됩니다.

상황에 따라서 감정평가를 받을지, 말지 결정하면 됩니다. 상속받은 부동산을 보유할지, 처분할지 또는 감정평가를 제외한 시가 산정액이 높아서 상속세를 줄이고 싶을 때 감정평가를 받는 것이 유리할 수 있습니다.

부동산을 감정평가 받는다고 하면 원칙은 두 곳 이상에서 감정평가를 받아서 평균액으로 신고해야 합니다. 다만, 기준시가가 10억 원 이하인 경우에는 한 곳에서만 받아도 인정됩니다.

부동산의 일부 지분만 상속받는다고 해도 해당 부동산 전체의 기준시가가 10억 원을 초과하는 경우에는 감정평가기관 두 곳에서 받아야 합니다.

상속세를 신고·납부하기 위해 상속재산을 평가하는데, 지급한 감정평가수수료 등은 일정금액을 공제해줍니다.

공제금액 = ① + ② + ③
① 감정평가법인(간정평가사)의 평가수수료 : 500만 원 한도
② 비상장 주식에 대한 신용평가 전문기관의 평가수수료
  : 평가대상 법인의 수 및 신용평가 전문기관의 수별로
   각각 1,000만 원 한도
③ 서화·골동품 등의 전문가 감정수수료 : 500만 원 한도

🏠 핵 심 요 약

- 시가가 없을 때 감정평가를 활용하며, 기준시가 10억 원 초과 부동산은 두 곳의 평가가 필요
- 감정평가 수수료는 500만 원(1,000만 원) 한도 내에서 공제
- 상속세 절감을 위해 전략적으로 선택 가능

공동명의
- 공동명의 부동산은 어떻게 평가하나요?

　배우자 또는 가족과 공동으로 부동산을 가지고 있는 경우가 많습니다. 이러한 경우에 어떻게 평가해서 상속재산금액이 정해질까요? 답은 간단합니다. 해당 부동산의 전체 평가액을 산정한 다음, 피상속인의 지분 비율만큼만 상속재산에 포함시키면 됩니다.

　예를 들어, 피상속인이 가지고 있던 부동산 지분이 50%라면 전체 평가액을 구하고 50%를 곱해주면 됩니다.

🏠핵심요약

- 공동소유 부동산은 전체 평가액에 지분율을 곱해 산정
- 피상속인 지분만 상속재산에 반영

006
공동상속인
- 상속인이 여러 명일 경우 누가 신고하나요?

상속인이 여러 명인 경우에는 대표 상속인을 정해 상속세를 신고하면 됩니다. 간혹 상속인들끼리 다툼이 있어 각자가 신고하는 경우도 있지만, 상속세 신고비용·국세행정 등 불필요한 비용과 절차가 추가되기 때문에 상속세 신고만큼은 대표 상속인을 정해서 진행하는 것이 좋습니다.

- 상속인이 여럿이면 대표 상속인을 정해 신고하는 것이 효율적

007
공제
- 기초공제와 인적공제란 무엇인가요?

상속세공제 중 가장 기본적인 공제로, 기초공제와 인적공제, 그리고 일괄공제가 있습니다.

기초공제

기초공제액은 2억 원으로 피상속인이 거주자나 비거주자인 경우, 모두 공제받을 수 있습니다.

그 밖의 인적공제

피상속인이 거주자인 경우로서 상속인이 다음의 어느 하나에 해당하는 경우에는 해당 금액을 공제받을 수 있습니다.

인적공제	공제금액	비고
자녀공제	5,000만 원	태아 포함
미성년자공제	19세가 될 때까지의 연수 × 1,000만 원	배우자 제외
연로자공제	65세 이상인 자의 수 × 5,000만 원	
장애인공제	기대여명의 연수 × 1,000만 원	

인적공제에 따른 공제금액

인적공제 중복공제 여부

자녀공제에 해당하는 사람이 미성년자공제에 해당하는 경우에는 그 금액을 합산해 공제가 가능하고, 자녀공제와 연로자공제는 중복적용되지 않고, 둘 중 선택해서 적용할 수 있습니다.

장애인공제에 해당하는 사람이 자녀공제, 미성년자공제, 연로자공제에 해당하는 경우에는 각각 그 금액을 합산해 공제할 수 있습니다.

인적공제	자녀	미성년자	연로자	장애인
자녀	-	가능	선택	가능
미성년자	가능	-	-	가능
연로자	선택	-	-	가능
장애인	가능	가능	가능	-

인적공제의 중복공제 판단

인적공제와 일괄공제 중 어떤 것이 유리한가요?

피상속인이 거주자인 경우에는 기초공제와 그 밖의 인적공제액을 합한 금액과 일괄공제액 5억 원 중 큰 금액으로 공제받을 수 있습니다.

Max = [기초공제 + 인적공제, 일괄공제(5억 원)]

다만, 피상속인의 배우자가 단독으로 상속받는 경우(상속인이 배우자 단독인 경우)에는 일괄공제를 받을 수 없습니다(기초공제와 그 밖의 인적공제를 합한 금액으로만 공제 가능).

- (기초공제 2억 원+인적공제)와 일괄공제 5억 원 중 큰 금액 적용
- 상속인이 배우자만 있는 경우(배우자 단독 상속), 일괄공제 적용 안 됨.

008

공제 한도
- 상속공제는 한도가 얼마까지 되나요?

상속공제 종합한도

상속공제의 한도는 상속세금 계산 시 실제 상속받은 재산을 초과해서 상속공제를 적용하는 것을 방지하기 위해서 만들어진 규정입니다.

상속공제 종합한도 적용 대상 상속공제
① 기초공제
② 가업상속공제
③ 영농상속공제
④ 배우자상속공제
⑤ 그 밖의 인적공제
⑥ 일괄공제
⑦ 금융재산상속공제
⑧ 재해손실공제
⑨ 동거주택공제

상속공제 종합한도

	상속세 과세가액
−	1. 선순위 상속인이 아닌 자에게 유증 등을 한 재산의 가액 2. 선순위 상속인의 상속 포기로 그다음 순위의 상속인이 상속받은 재산의 가액 3. 상속세 과세가액에 가산한 증여재산가액의 증여세 과세표준
=	상속공제 종합한도

상속공제 종합한도(사례 및 법령)

① 유증받은 재산의 범위 내에서 피상속인의 채무를 부담하는 경우, 상속공제 한도 계산 시 상속인 외의 자에게 유증한 재산은 부담한 채무를 차감한 잔액으로 적용한다.

② 선순위 상속인에게 재산을 상속하지 아니하고 후순위 상속인에게 상속재산 전액을 유증한 경우, 상속공제를 받을 수 있는 한도액도 없게 되어 기초공제를 부인한다.

③ 피상속인의 계모가 상속재산 전부를 남편 전처의 자녀 등 상속인이 아닌 자로서, 특별연고자에 해당되지 아니하는 자에게 유증한 경우, 해당 재산에 대해서는 상속공제의 한도 규정에 따라 상속공제가 적용되지 아니한다.

핵심요약

- 상속공제는 상속재산을 초과하지 않도록 한도가 정해져 있음.
- 적용 대상에는 기초공제, 배우자공제, 가업·영농상속공제 등이 포함됨.
- 유증·채무 상황에 따라 공제 한도가 제한되거나 기초공제가 부인될 수 있음.

009
과세 대상
- 상속세 과세 대상에는 어떤 자산이 포함되나요?

　피상속인에게 귀속되는 모든 재산을 말하며, 금전으로 환산할 수 있는 경제적 가치가 있는 모든 물건과 재산적 가치가 있는 법률상 또는 사실상의 모든 권리가 과세 대상입니다. 다만, 피상속인이 거주자인지, 또는 비거주자인지에 따라 과세 대상에 포함되는 재산의 범위가 다릅니다.

　① 거주자인 경우 : 국내·국외에 있는 모든 상속재산
　② 비거주자인 경우 : 국내에 있는 모든 상속재산

• 거주자는 전 세계 재산, 비거주자는 국내 재산만 과세 대상

010
금융 거래
- 10년 이내 거래 내역을 다 봐야 하나요?

추정상속재산과 사전증여재산이 있는지 파악하기 위해 피상속인의 10년 치 거래 내역을 봐야 합니다.

1년 이내 2억 원 또는 2년 이내 5억 원 이상을 인출한 경우 추정상속재산이 추가될 수도 있고, 상속인들이 미처 파악하지 못하거나 타인에게 증여·대여한 금액이 있을 수 있습니다.

또한, 거래 내역을 보고 숨겨진 자산이나 재산 처분 내역이 있는지 파악할 수도 있습니다. 예를 들어, 가족 모르게 자산을 구입하거나 처분한 것이 있다면 거래 내역을 통해 파악할 수도 있습니다.

세무 조사를 대비하기 위해서도 미리 거래 내역을 확인해야 합니다. 세무 조사가 시작되면 국세청에서는 금융회사로부터 모든 거래 내역을 받아서 분석하고 검토하기 때문에 상속인도 세무 조사를 대비해 미리 확인하는 것이 좋습니다.

**거래 내역에서 사전증여금액이 나오거나
대여한 금액이 나온다면 어떻게 해야 할까요?**

증여에 해당하는 금액이 있으면 증여세 신고를 해서 가산세를 줄이고, 대여금이 있다면 관련 서류가 있는지 파악해서 상속세 신고 시 반영해야 합니다.

- 10년 치 거래 내역 확인으로 사전증여·추정상속재산을 파악함.
- 증여나 대여금 등이 있는 경우 사실관계 확인해서 신고 여부 결정

011
금융재산
- 금융재산이란 무엇인가요?

금융재산이란 금융회사 등이 취급하는 예금·적금·부금·계금·출자금·신탁재산(금전신탁재산에 한한다)·보험금·공제금·주식·채권·수익증권·출자지분·어음 등의 금전 및 유가증권을 말합니다.

금융재산상속공제는 얼마인가요?

금융재산의 가액에서 금융채무를 뺀 가액(순금융재산의 가액)이 있으면 다음의 구분에 따른 금액을 상속세 과세가액에서 공제하되, 그 금액이 2억 원을 초과하면 2억 원을 공제합니다. 즉, 최대 2억 원까지 공제가 가능합니다.

① 순금융재산의 가액이 2,000만 원을 초과하는 경우, 그 순금융재산의 가액의 100분의 20 또는 2,000만 원 중 큰 금액

② 순금융재산의 가액이 2,000만 원 이하인 경우 : 그 순금융재산의
   가액

이자도 금융재산에 포함되나요?

예금·적금 등에 이자가 붙었을 경우에는 해당 예·적금의 가입일부터
상속개시일까지 발생한 이자도 상속재산에 포함됩니다.

- 순금융재산 2,000만 원 초과 시 최대 2억 원까지 금융재산상속공제
  가 적용. 상속개시일까지 발생한 이자도 상속재산에 포함

납부 방법
- 상속세 납부 방법에는 어떤 것이 있나요?

상속을 받았는데 현금 등 금융재산은 거의 없고 아파트 한 채만 있습니다. 아파트의 시가가 높아서 상속세만 많이 나올 것으로 예상되는데, 이러한 경우에는 상속세를 어떻게 납부해야 할까요?

상속세를 납부하는 방법에는 일시 납부, 분할 납부, 연부 연납, 물납 등이 있습니다.

일시 납부

상속세 신고 기한까지 전부 납부하는 방법입니다. 신고 기한까지 일시에 납부해도 되고, 각 상속인들이 금액을 나눠서 납부해도 됩니다.

분할 납부

납부해야 할 상속세가 1,000만 원을 초과하는 경우에 그 납부할 금액의 일부를 납부 기한이 지난 후 2개월 이내에 분할 납부할 수 있습니다.

① 납부세액이 2,000만 원 이하인 경우 : 1,000만 원을 초과하는 금액을 분납

② 납부세액이 2,000만 원을 초과하는 경우 : 전체세액의 1/2 이하의 금액을 분납

① 상속세 1,800만 원 : 납부 기한까지 1,000만 원 납부, 납부 기한 + 2개월 이내 800만 원 납부

② 상속세 2억 원 : 납부 기한까지 1억 원 납부, 납부 기한 + 2개월 이내 1억 원 납부

연부 연납

상속세 납부세액이 2,000만 원을 초과하는 경우에는 연부 연납을 신청할 수 있습니다.

연부 연납은 일반적인 상속재산의 경우 최대 10년까지 가능하고, 연부 연납 특례 대상일 경우, 최대 20년까지 가능합니다.

연부 연납은 납세담보를 제공해야 하고, 세무서장의 허가를 받아야 합니다. 상속세의 부담이 커서 연부 연납을 고려한다면 신고 기간 내에 충분히 검토해 납부계획을 세우는 것이 좋습니다.

핵심요약

- 상속세는 일시납, 분납, 연부 연납, 물납이 가능
- 분납은 최대 2개월 연기, 연부 연납은 최대 10년(특례 20년)까지 가능
- 연부 연납은 담보 제공과 세무서장 허가가 필요

013
납부 대상
- 상속세는 누가 내야 하나요?

상속세는 상속재산을 받은 상속인과 유언이나 사인증여에 의해 재산을 취득하는 수유자가 각자가 받았거나 받을 재산을 기준으로 계산한 금액을 납부할 의무가 있습니다.

상속인

1순위	직계비속과 배우자
2순위	직계존속과 배우자
3순위	형제자매
4순위	4촌 이내의 방계혈족

상속 순위

배우자는 직계비속, 직계존속과 같은 순위로 공동상속인이 되고, 직계비속과 직계존속이 없는 경우에는 배우자가 단독상속인이 됩니다.

① 유언에 의해 상속재산을 받은 자

② 사인증여에 의해 상속재산을 취득한 자

  (사인증여는 증여자가 사망한 경우에 효력이 발생하는 증여계약을 말합니다)

③ 유언대용신탁에 의해 신탁이 수익권을 취득한 자

핵심요약

- 상속세는 상속인·수유자가 각각 받은 재산 기준으로 납부
- 상속인은 법정 순위에 따라 결정
- 유언·사인증여·유언대용신탁으로 받은 경우도 포함함.

014
대습상속
- 대습상속의 자격 요건이 무엇인가요?

대습상속이란, 상속인이 될 직계비속 또는 형제자매가 상속 개시 전에 먼저 사망하거나 결격사유로 인해 상속권을 상실한 경우에 그의 직계비속이나 배우자가 대신 상속받는 것을 말합니다.

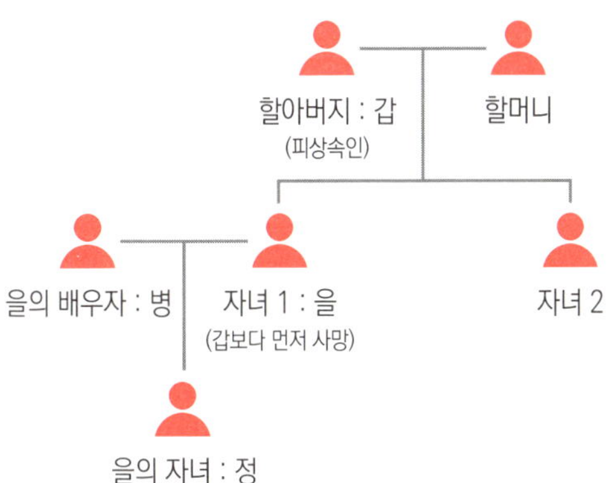

예를 들어, 갑의 자녀 을이 있다고 가정해 봅시다. 을에게는 배우자 병과 자녀 정이 있습니다. 그런데 몇 년 전에 을이 갑보다 먼저 사망했습니다. 그리고 얼마 후 갑이 사망했습니다. 이러한 경우에 병과 정은 을을 대신해서 갑의 재산을 상속받게 됩니다. 즉, 병과 정이 대습상속인이 됩니다.

하지만 다음과 같이 상속결격사유에 해당하는 자는 상속인이 되지 못합니다.

① 고의로 직계존속, 피상속인, 그 배우자 또는 상속의 선순위나 동순위에 있는 자를 살해하거나 살해하려 한 자
② 고의로 직계존속, 피상속인과 그 배우자에게 상해를 가해 사망에 이르게 한 자
③ 사기 또는 강박으로 피상속인의 상속에 관한 유언 또는 유언의 철회를 방해한 자
④ 사기 또는 강박으로 피상속인의 상속에 관한 유언을 하게 한 자
⑤ 피상속인의 상속에 관한 유언서를 위조·변조·파기 또는 은닉한 자

핵심요약

- 상속인이 될 자가 사망하거나 결격 시 그 직계비속·배우자가 대신 상속
- 상속결격 사유에는 살해, 상해, 사기·강박으로 유언 방해, 위조·은닉 등이 있음(예: 아들이 먼저 사망하면 그 배우자와 자녀가 대신 상속).

015
동거주택
- 동거주택 상속공제는 무엇인가요?

상속인이 돌아가신 부모님과 10년 이상 같이 살았다면 최대 6억 원까지 동거주택 상속공제를 적용받을 수 있습니다.

동거주택 상속공제액 = Min(① 상속주택가액 - 담보채무, ② 6억 원)

상속주택가액에서 해당 상속주택에 담보된 채무를 차감한 금액의 100%와 6억 원 중 적은 금액을 공제받을 수 있습니다.

① 피상속인이 거주자인 경우에 적용된다.

② 피상속인과 상속인(직계비속)이 상속개시일부터 소급해 10년 이상 계속해서 하나의 주택에서 동거해야 한다. 상속인이 미성년자인 기간은 제외하므로 만 19세 이후 부모와 10년 이상 거주해야 한다.

③ 피상속인과 상속인이 상속개시일부터 소급해 10년 이상 계속해서 1세대를 구성하면서 1세대 1주택에 해당해야 한다. 이 경우 무주

택인 기간이 있는 경우에는 해당 기간은 1세대 1주택에 해당하는 기간에 포함한다.

④ 상속인이 상속개시일 현재 무주택자이거나 피상속인과 공동으로 1세대 1주택을 보유한 자로서 피상속인과 동거한 상속인이 상속받은 주택이어야 한다.

> **핵심요약**
>
> - 10년 이상 부모와 동거한 직계비속은 최대 6억 원까지 공제 가능
> - 만 19세 이후부터 동거 기간에 포함함.
> - 상속 당시 무주택 또는 공동 1세대 1주택이어야 함.

매매 중 상속 발생
- 부동산 매매 중에 상속이 발생하는 경우 상속재산금액은 얼마인가요?

부모님께서 부동산 매매계약을 하고 사망한 경우에는 부동산을 처분하는 것인지, 또는 구입하는 것인지에 따라 상속재산에 포함되는 금액이 달라집니다.

부동산을 처분하는 경우

부동산 양도계약을 체결하고 잔금을 받기 전에 사망한 경우에는 양도대금에서 계약금과 중도금을 뺀 잔액을 상속재산에 포함합니다.

$$상속재산 = 양도대금 - (계약금 + 중도금)$$

양도가액이 10억 원이고 계약금과 중도금으로 5억 원을 받았다고 하면 상속재산에 포함되는 금액은 5억 원(10억 원 - 5억 원)이 됩니다.

그리고 이미 수령한 계약금과 중도금이 피상속인의 계좌에 있다면 금융재산상속공제도 적용받을 수 있습니다.

부동산을 구입하는 경우

부동산 양수계약을 체결하고 잔금을 지급하기 전에 사망한 경우에는 이미 지급한 계약금과 중도금을 상속재산에 포함합니다.

$$상속재산 = 계약금 + 중도금$$

매입가액이 10억 원이고 계약금과 중도금으로 5억 원을 지급했다면, 이미 지급한 5억 원이 상속재산에 포함됩니다.

핵심요약

- 부동산 처분 중 사망 시 잔금 미수령분은 상속재산에 포함됨.
- 부동산 매입 중 사망 시 이미 지급한 계약금·중도금이 상속재산임.

면제
- 상속세를 안 내도 되는 경우가 있나요?

　일반적으로 상속인 중에 배우자가 없는 경우에는 일괄공제 5억 원, 배우자가 있는 경우에는 일괄공제 5억 원과 배우자공제 5억 원을 합해 10억 원을 공제합니다. 따라서 상속재산이 각각 5억 원 또는 10억 원이 넘지 않는 경우에는 상속세가 나오지 않습니다.

　상속포기를 해서 상속재산을 한 푼도 받지 않았다면, 상속받은 재산이 없기 때문에 상속세를 납부하지 않아도 됩니다. 다만, 사전증여받은 재산, 추정상속재산, 보험금 등 간주상속재산이 있는 경우에는 상속세가 나올 수 있습니다.

　상속받은 재산이 10억 원(상속인 중에 배우자가 있는 경우), 또는 5억 원(상속인 중에 배우자가 없는 경우) 이하인 경우에도 상속세가 나올 수 있으므로 상속세 신고 기한 전에 꼼꼼히 한 번 더 알아보고 가산세를 부담하는 불이익을 당하는 일이 없도록 해야 합니다.

미신고
- 상속세 신고를 하지 않으면 어떻게 되나요?

상속세는 상속개시일이 속하는 달의 말일부터 6개월(또는 9개월) 이내에 신고 및 납부를 해야 하는데, 만약 신고하지 않으면 어떤 불이익이 있을까요?

상속재산이 많지 않아서 상속세가 나오지 않는다면 신고를 하지 않아도 아무런 문제가 없습니다. 다만, 상속세가 발생하는 경우에는 가산세가 붙어서 큰 부담으로 다가올 수 있습니다.

무신고 가산세
① 일반 무신고 : 무신고 납부세액 × 20%

② 부정 무신고 : 무신고 납부세액 × 40%

　(부정행위 등으로 무신고한 경우)

납부 지연 가산세

미납부세액 × 22/100,00 × 미납 일수

예를 들어, 일반적인 경우에 상속세를 신고하지 않았고, 납부할 세액이 1,000만 원이라고 가정하면 무신고로 인해 부과되는 가산세는 다음과 같습니다.

무신고 가산세

1,000만 원 × 20% = 2,000,000원

납부 지연 가산세

1,000만 원 × 22/100,000 × 미납 일수(365일 가정) = 803,000원

∴ 2,000,000 + 803,000 = 2,803,000원이 됩니다.

신고를 하지 않았기 때문에 1년 후에 무려 2,803,000원이 추가됩니다. 납부 지연 가산세는 미납 일수에 따라 계속 붙기 때문에 가산세는 점점 더 커질 수 있습니다. 따라서 상속세가 나올 것 같고, 당장 납부를 하지 못하더라도 신고는 반드시 해서 가산세를 줄이는 것이 좋습니다.

핵심요약

- 상속세 미신고 시 가산세와 납부 지연이자 발생
- 일반 무신고 20%, 부정 무신고 40% 가산세가 부과
- 납부 지연 가산세는 미납 기간에 따라 계속 증가

물납
- 현금이 부족한데, 상속세를 다른 재산으로 낼 수 있나요?

상속재산의 비중에서 부동산이 많고 현금·예금 등 금융재산이 적어 상속세를 일시에 납부하지 못하는 경우가 많습니다. 상속받은 부동산을 바로 처분해 상속세를 납부하면 좋겠으나, 현실적으로는 처분하는 데 시간이 걸리거나 어려워서 팔지 못하고 제값을 받지 못하는 경우가 발생합니다.

이러한 경우에 상속받은 부동산으로 상속세를 납부할 수 있는 물납 제도가 있습니다. 다만, 물납을 하려면 일정 요건을 갖춰야 하고 세무서의 허가를 받아야 합니다.

물납 요건
① 상속재산 중 부동산과 유가증권의 가액이 해당 상속재산가액의 1/2을 초과할 것
② 상속세 납부세액이 2,000만 원을 초과할 것

③ 상속세 납부세액이 상속재산가액 중 금융재산의 가액을 초과할 것

④ 물납 신청 기한까지 납세 의무자가 물납 신청을 할 것

⑤ 물납에 충당할 수 있는 부동산과 유가증권으로 물납을 신청할 것

⑥ 물납을 신청한 재산의 관리·처분이 적당하지 않다고 인정되는 경우에 해당하지 않을 것

물납 신청 세액의 한도 = ①과 ② 중에서 적은 금액

① 상속세 납부세액 × $\dfrac{부동산·유가증권의\ 가액}{상속재산의\ 가액}$

② 상속세 납부세액 - (순금융재산의 가액 + 상장유가증권의 가액)

물납재산은 다음 순서에 따라서 신청해야 합니다.

① 국채 및 공채

② 거래소에 상장된 유가증권

③ 국내에 소재하는 부동산

④ 유가증권

⑤ 거래소에 상장되지 않은 주식(비상장 주식)

⑥ 상속개시일 현재 상속인이 거주하는 주택 및 그 부수 토지

물납 요건이나 절차가 다소 까다롭기 때문에 신청을 꺼릴 수 있는데, 잘만 활용한다면 쓸모없거나 불필요한 재산을 상속세로 납부할 수 있습니다.

- 물납이란 상속세를 현금 대신 부동산·유가증권으로 납부할 수 있는 제도
- 부동산·유가증권 비중이 1/2 초과, 납부세액 2,000만 원 초과 등 조건 필요
- 물납재산은 국채·상장 주식·부동산 등 순서에 따라 신청하며, 세무서 허가가 필요

배우자
- 배우자상속공제로 상속세를 줄일 수 있나요?

상속인 중에 배우자가 있는 경우, 최소 5억 원에서 최대 30억 원까지 공제를 받을 수 있습니다. 배우자공제를 활용해 상속재산을 적절히 분할하면 상속세도 줄일 수 있습니다.

배우자상속공제 한도액 = ①과 ② 중에 적은 금액(30억 원 한도)

(위 금액이 5억 원보다 작은 경우에는 최소 5억 원을 공제)

① 배우자가 실제 상속받은 금액

② 배우자의 법정상속분에 해당하는 금액 - 배우자에게 10년 내 증
　 여한 재산에 대한 증여세 과세표준

다음 사례를 통해 상속세를 계산해보도록 하겠습니다.

① 상속재산 : 부동산 15억 원, 금융재산 5억 원

② 상속인 : 배우자, 자녀 2명

| 예시 1 : 자녀 2명이 상속받는 경우 |

상속재산	20억 원
상속공제	11억 원
과세표준	9억 원
상속세	2억 1,000만 원

* 상속공제 : 일괄공제 5억 원, 배우자공제 5억 원, 금융재산공제 1억 원

세후 순자산 : 17억 9,000만 원

| 예시 2 : 배우자와 자녀 2명이 공동으로 상속받는 경우 |

(배우자 상속공제 8억 5,000만 원으로 가정)

상속재산	20억 원
상속공제	14억 5,000만 원
과세표준	5억 5,000만 원
상속세	1억 500만 원

* 상속공제 : 일괄공제 5억 원, 배우자공제 8억 5,000만 원, 금융재산공제 1억 원

세후 순자산 : 18억 9,500만 원

배우자공제로 인해 상속세는 2억 1,000만 원에서 1억 500만 원으로 1억 원 정도가 줄어든 것을 볼 수 있습니다.

핵심요약

- 배우자공제를 활용하면 세금 절세 가능
- 같은 재산을 상속받아도 배우자 포함 시 세 부담 감소

법인 주식
- 주식을 상속받았는데 세금이 발생하나요?

　주식도 금융재산이기 때문에 상속재산에 포함되고, 증권거래소에 상장된 주식인지, 또는 상장되어 있지 않은 비상장 주식인지에 따라서 평가 방법이 달라집니다.

상장 주식

　증권거래소에 상장된 주식의 경우, 매일 가격이 변동합니다. 따라서 상장 주식의 경우, 상속개시일(사망일) 전후 2개월 종가의 평균액으로 평가합니다.

비상장 주식

　상장되지 않은 비상장 주식의 경우 거래가 빈번하게 발생하지 않고, 금액의 변동이 크기 때문에 다른 방법으로 평가합니다.

　상속개시일 전후 6개월 이내에 불특정다수인 사이에 거래 또는 경매·공매가액이 확인되는 경우에는 해당 금액으로 평가하고, 여기에 해당하는 금액이 없는 경우에는 보충적 평가 방법으로 1주당 순손익가치와 순자산가치를 가중평균한 가액으로 평가합니다.

비상장 주식의 경우, 평가 방법이 단순하지 않기 때문에 전문가를 통해 금액을 산정하는 것이 좋습니다.

해외 주식

해외 주식도 국내 주식의 평가 방법과 동일하게 평가합니다.

핵심요약

- 주식은 상속재산에 포함되며, 평가 방법은 상장·비상장 여부에 따라 다름.
- 상장 주식은 상속개시일 전후 2개월 종가 평균으로 평가함.
- 비상장 주식은 순손익가치와 순자산가치를 가중평균해 산정함.

병원비
- 병원비도 상속재산에서 공제가 되나요?

　피상속인의 병원비, 간병비 등의 금액이 적지 않기 때문에 상속인이 대신 납부한 금액이 상속재산에서 공제가 되는지 궁금한 경우가 많습니다.

　병원비 등을 언제, 누가 납부하는지에 따라 달라질 수 있습니다.
　돌아가시기 전에 상속인이 병원비를 납부하는 경우에는 국세청에서는 이를 부양의무로 보기 때문에 상속재산에서 공제되지 않습니다. 따라서 상속세를 줄이기 위해서는 병원비 등은 피상속인이 직접 납부하는 것이 좋습니다.

　만약 돌아가시기 전까지 발생한 병원비 등을 납부하지 않고, 상속개시일 이후에 상속인이 부담한다면 채무로 상속재산에서 차감할 수 있습니다.

- 상속개시 전 납부 시 공제 불가능
- 개시일 이후에 납부한 미지급 병원비는 채무로 차감 가능
- 공제 여부는 납부 시점이 중요

023

보험금

- 보험금을 수령했는데, 전부 상속재산에 포함되나요?

상속재산으로 보는 보험금은 다음과 같습니다.

① 피상속인의 사망으로 인해 받는 생명보험 또는 손해보험의 보험금으로 피상속인이 보험계약자인 경우
② 보험계약자가 피상속인이 아닌 경우에도 피상속인이 실질적으로 보험료를 납부한 경우

사망으로 보험금을 수령하는 경우(갑 : 피상속인, 을 : 상속인)

보험계약자	피보험자	보험수익자	상속재산 여부
갑	갑	을	포함
을(납부는 갑)	갑	갑	포함

만약, 피상속인 갑이 보험계약자 및 피보험자이고, 상속인인 을이 보험수익자라고 가정해봅시다. 일반적인 경우라면 갑의 사망으로 인해

수령하는 보험금은 상속재산에 포함됩니다. 그런데 실질적으로 상속인
을이 보험료를 납부했다면, 보험금을 상속재산으로 보지 않습니다. 즉,
보험료를 누가 부담했느냐에 따라 상속재산에 포함되는지가 결정됩니
다. 그리고 보험료를 일부만 부담했다면 피상속인이 납부한 보험료에
상당하는 보험금만 상속재산에 포함됩니다.

① 사망으로 인한 보험금 : 5,000만 원

② 피상속인이 납부한 보험료 : 1,500만 원

③ 상속인이 납부한 보험료 : 500만 원

$$\text{상속재산으로 보는 보험금} = 5{,}000\text{만 원} \times \frac{1{,}500\text{만 원}}{2{,}000\text{만 원}} = 3{,}750\text{만 원}$$

- 상속재산으로 보는 보험금은 피상속인이 계약자이거나 보험료를 부
  담한 경우
- 상속인이 보험료를 낸 경우 그 부분은 상속재산에서 제외
- 즉, 피상속인 부담 비율만큼만 상속재산으로 과세

024

비과세재산
- 비과세되는 상속재산이 있나요?

전사자 등에 대한 상속세 비과세

전쟁이나 이에 준하는 공무의 수행 중 입은 부상 또는 질병으로 인한 사망으로 상속이 개시되는 경우에는 피상속인이 소유한 모든 재산에 대해 상속세를 부과하지 않습니다.

'전쟁이나 그 밖에 이에 준하는 공무'란, 사변 또는 이에 준하는 비상사태로 토벌 또는 경비 등 작전업무를 수행하는 것을 말합니다.

다만 대법원 판결 중 이런 내용도 있습니다. 전쟁에 참여했던 한 군인이 다발성 골수종으로 사망했는데, 해당 골수종의 원인을 고엽제 노출로 판단했고, 이에 따라 피상속인의 상속재산은 비과세되는 자산이라고 판단해 상속세 신고를 하지 않았던 경우가 있습니다. 이어 법원은 비과세적용은 되지 않으나 해당 무신고에는 정당한 사유가 있다고 보고 가산세는 별도 부과하지 않았습니다.

비과세되는 상속재산

① 국가·지방자치단체 또는 공공단체에 유증·사인증여한 재산

② 문화재보호법에 따른 국가지정문화재 및 시·도 지정문화재와 같은 법에 따른 보호구역 안의 토지로서 당해 문화재 등이 속한 토지

③ 정당에 유증 등을 한 재산

④ 사회통념상 인정되는 이재구호금품, 치료비 또는 불우한 자를 돕기 위해 유증한 재산

⑤ 피상속인이 제사를 주재하고 있던 선조의 분묘에 속한 9,900㎡ 이내의 금양임야(묘지 보호를 위해 벌목을 금지하고, 나무를 기르는 임야) 및 분묘에 속하는 1,980㎡ 이내의 묘토인 농지 (한도액 2억 원)

⑥ 근로자 복지를 위한 사내근로복지기금 · 우리사주조합 · 근로복지진흥기금에 유증 등을 한 재산

⑦ 상속인이 상속세 신고 기한 이내에 국가나 공공단체에 증여한 재산

상속세 과세가액에 불산입되는 재산

해당 재산에 대해서는 공익성 등을 고려해 상속세과세가액에 산입하지 않는다고 표현합니다. 즉, '상속세 비과세한다'라는 표현과 동일한 표현입니다.

① 공익법인 출연재산

② 공익신탁재산

기타 상속재산으로 보지 않는 것들

① 국민연금법에 따라 지급되는 유족연금, 반환일시금

② 공무원연금법, 공무원 재해보상법, 사립학교교직원 연금법에 따라

지급되는 유족연금

③ 군인연금법, 군인 재해보상법에 따라 지급되는 유족연금

④ 산업재해보상보험법에 따라 지급되는 유족보상금

⑤ 근로자의 업무상 사망으로 인해 지급되는 유족보상금, 재해보상금

핵심요약

- 전사자 재산, 공공 기부, 문화재·분묘·금양임야, 공익출연재산, 유족연금 등은 상속세 과세 제외
- 국가·지자체·정당·사회복지 목적 기부 재산도 비과세
- 유족연금·재해보상금 등은 상속재산으로 보지 않음.

 100가지 키워드로 쉽게 풀어 쓴 상속·증여 절세노트

025
사실혼
- 법률혼과 사실혼은 어떤 차이가 있나요?

상속세 신고 시 배우자공제로 공제되는 금액이 크다 보니 배우자의 정의 및 사실혼 관계에 대한 내용이 중요합니다.

배우자의 의미

상속세법에서 배우자란, 민법상 혼인으로 인정되는 혼인관계에 의한 배우자를 말한다고 되어 있습니다. 과거 세법에서는 내연관계는 제외하고 호적상 배우자는 아니나 실질에 의거해 사실혼관계로 인정받는 경우, 상속세 신고 시 배우자 상속공제가 적용되었습니다.

다만 1997년 세법의 개정으로 배우자의 정의가 민법상 인정되는 배우자만 의미하는 것으로 개정되어 사실혼관계에 있는 배우자의 경우, 상속세 신고 시 배우자상속공제는 적용할 수 없게 변경되었습니다.

상속개시에 따른 법률혼과 사실혼 배우자 비교

① 법률혼 배우자

상속권이 인정되며, 상속세 신고 시 배우자 상속공제가 적용됩니다.

② 사실혼 배우자

상속권이 없으며, 상속세 신고 시 배우자 상속공제가 불가합니다. 사실혼 배우자가 상속재산을 취득한 경우, 상속인이 증여한 것으로 봅니다.

- 배우자공제는 법률혼만 가능
- 사실혼은 상속권·공제 불가, 재산 분할은 가능

026

사업자
- 사업자를 상속받으면 어떻게 하나요?

피상속인이 운영하던 사업체를 상속받는다면 신경 써야 할 사항들이 있습니다.

매출·매입과 관련된 채권, 채무

사업과 관련해서 발생한 매출·매입에서 주고받을 돈이 있는 경우, 상속재산에서 누락되지 않도록 파악하는 것이 중요합니다.

사업 관련 자산 파악

업종에 따라서 상품, 제품 등이 있을 수 있고, 기계장치·시설물 등의 자산이 있을 수 있기 때문에 해당 자산을 파악해 적절하게 평가하는 것이 좋습니다.

법인 대표자인 경우 가지급금과 가수금

피상속인이 법인의 대표자라면 장부상 가지급금과 가수금을 확인해야 합니다. 가지급금은 회사에 갚아야 할 돈이고, 가수금은 회사로부터 돌려받아야 할 돈입니다. 가지급금과 가수금이 얼마인지 확인하고, 법인에 돌려주거나 상환받아야 합니다.

- 사업체 상속 시 채권·채무, 자산을 모두 파악해야 함.
- 법인 대표자는 가지급금·가수금도 확인해야 함.

027

사전증여 vs 상속
- 사전증여와 상속 중 어떤 것이 유리한가요?

　상속이 개시되기 전에 증여 컨설팅을 진행할 때 많이 물어보시는 질문입니다. 상속으로 재산을 취득하는 것이 세금이 적은지, 증여로 취득하는 것이 세금이 적은지 문의하십니다. 자산의 종류 및 상황에 따라 정답이 달라질 수 있습니다. 다양한 경우에 따라 달라지는 세금 변화에 대해 알아보겠습니다.

　자산의 가치가 지속적으로 증가되는 경우, 사전증여를 진행하는 것이 유리합니다. 상속세와 증여세는 세율구조가 동일합니다. 다만 사전에 증여하게 되면 사전증여재산으로 미리 증여한 자산이 분류되어 상속세를 계산하게 됩니다. 물론 미리 낸 증여세금이 있다면, 해당 세금은 상속세금 산정 시 차감되어 이중과세를 방지합니다.

　예를 들어, 8년 전 사전증여했던 주택이 증여 당시에는 5억 원이었는데 상속개시 당시 10억 원으로 가치가 증가된 경우, 만약 사전증여 하지 않았다면 10억 원으로 재산가액을 산정해 10억 원에 대한 세금을 납부하지만, 사전증여를 했다면 사전증여한 자산의 가액은 사전증여 당시 신고한 가액으로 산정되기에 상속세 계산 시 5억 원으로 산정합니다. 상속세금 계산 관점에서 상속재산이 5억 원 줄어드는 것과 동일한 효과입니다.

생전에 재산을 어떻게 이전해야 상속세가 줄어드나요?

10년을 주기로 증여공제가 재적용되기 때문에 10년 주기로 사전에 증여를 진행하면 좋습니다. 또한 상속인에게 10년 전에 미리 증여한 재산이 있는 경우, 상속이 발생하면 10년 전 과거에 증여재산은 상속재산에 포함하지 않습니다.

사전증여 시기와 상속세 합산 기준은 어떻게 되나요?

사전증여재산은 상속인 10년, 상속인이 아닌 자 5년으로 판단합니다. 상속개시일(사망일)로부터 계산해서 10년과 5년을 판단해 상속재산에 합산 유무를 정하게 됩니다.

사전증여받은 자녀가 다시 상속인이 되면 중복되나요?

상속세 신고 시 사전증여재산이 상속재산에 포함될 수 있다고 말씀드리면 세금을 이중으로 내는 것은 아닌지 걱정하는 납세자분들이 많습니다. 상속세금은 누진구조로 되어 있습니다. 재산가액이 증가되면 세율이 증가되어 더 많은 세금이 산출되는 것은 사실입니다.

다만 사전증여재산이 상속재산에 포함되어 상속세금은 증가될 수 있으나 미리 냈던 증여세금은 실제 납부할 상속세금에서 차감해 이중과세를 방지합니다. 즉, 당초 증여세금 납부액이 1억 원이었고, 이번 상속세 계산 시 3억 원의 상속세금이 산출되었다면, 최종적으로 당초 납부했던 증여세금 1억 원을 차감하고 나머지 2억 원만 납부하게 됩니다.

- 자산 가치 상승 시 사전증여가 유리, 증여세는 상속세에서 차감함.
- 상속인 10년·비상속인 5년 내 증여재산은 상속재산에 합산함.
- 10년 주기로 증여공제 재적용 가능함.

028

사후 관리
- 상속세 신고를 했는데 사후 관리를 따로 받나요?

상속세는 기본적으로 정부 부과 제도 세목입니다. 상속세 신고가 끝이 아니라 상속세 신고를 하고, 과세관청(국세청)이 조사를 한 후 확정해야 세금이 종결됩니다. 또한 조사 이후에도 신고에 부정한 내용이 발견되면 추가 조사가 나오기도 합니다.

상속세 신고 후 납세자의 재산 취득 내역이나 금융 거래 기록, 그리고 부채 등에 대한 사후 관리가 진행되는지 검증합니다.

상속세 신고를 하고 상속으로 취득한 부동산을 양도하는 경우, 해당 양도가액을 상속재산가액으로 보고 상속세를 추가 징수할 수 있습니다. 만약 상속받은 부동산을 조속히 양도하는 경우가 생긴다면, 미리 세무 대리인과 해당 양도에 따른 세금 변화를 시뮬레이션해보고, 상속세 신고 시 해당 부동산 가액을 어떤 방법으로 평가할지 정해야 합니다.

상속세 신고 이후 모든 절차가 끝났다고 생각하고 차명재산을 상속인 명의로 이전하거나 상속재산으로 신고 누락된 재산으로 부채를 상환하는 경우 등 누락된 근거 등이 발생되는 경우, 사후검증 차원에서 조사가 진행될 수 있습니다.

사후검증의 한 예로 실제 상속세 신고 후 세무 조사까지 완결된 신고 케이스가 있습니다. 신고 당시 직계존비속 간의 주택임대차계약이 진행되었고, 현금자산 중 일부는 임대보증금(전세금)이라고 해서 부채로 상속재산에서 차감되어 상속세 신고가 진행되었습니다. 세무 조사 시 해당 부채가 인정되었지만, 추후 계약의 변경으로 임대보증금의 반환이 실제 이루어졌는지 사후검증으로 조사를 나온 경우가 있습니다.

국세청은 상속재산의 가액이 30억 원 이상인 경우로서 상속개시 후 대통령령으로 정하는 기간 이내에 상속인이 보유한 부동산, 주식, 그 밖에 대통령령으로 정하는 주요 재산의 가액이 개시 당시에 비해 크게 증가한 경우에는 대통령령으로 정하는 바에 따라 그 결정한 과세표준과 세액에 탈루 또는 오류가 있는지를 조사해야 합니다. 해당 조사는 상속개시일부터 5년이 되는 날까지로 합니다.

상속세 세무 조사가 종결된 이후에도 상속인들이 보유한 부동산이나 주식 및 차입금 상환금액 등 5년 이내 주요 재산의 증감 내역에 대해 분석하며 조사합니다. 실무적으로 서울 지역은 상속재산이 30억 원 이상인 경우, 수도권 지역 등은 20억 원 이상, 그 밖의 지역은 15억 원 이상일 경우 사후 관리 대상에 포함됩니다.

- 상속세 신고 후 국세청이 5년간 재산 변동·누락 여부를 검증함.
- 30억 원 이상 재산·주식·부동산 보유 시 사후 관리 대상
- 상속 후 양도·부채 상환 등 변동 시 조사 가능함.

029
상속세 할증
- 상속세 할증이 있다고 하는데, 어떤 경우에 할증받나요?

세대를 건너뛴 상속에 대해서는 할증해서 과세합니다. 상속세의 기본 논리는 세대당 한 번의 상속세를 과세하는 것입니다. 만약 조부모로부터 손자녀로 바로 상속이 발생되는 경우, 한 번의 상속세밖에 과세하지 않으면 과세형평에 문제가 발생합니다. 따라서 세대생략 상속에 대해 할증과세를 하여 균형을 잡으려는 것이 세대생략 할증 과세의 기본적인 개념입니다.

세대생략상속에 대한 할증과세

피상속인의 손자녀들이 직접 상속을 받을 때, 상속재산가액이 20억 원을 초과하는 경우 산출된 상속세금의 40%를 할증합니다. 다만 일반적인 세대생략상속에 따른 할증과세 시 30%를 할증합니다.

대습상속의 경우, 세대생략상속에 대한 할증과세를 미적용

민법에 따른 대습상속인 경우 세대생략상속에 대한 할증과세를 적용하지 않습니다. 대습상속이란, 아버지나 어머니가 이미 사망한 경우 조부모의 사망으로 직접 상속받을 상속인이 없을 때 해당 지위를 손자녀가 이어받는 것을 말합니다. 즉, 세대를 이어갈 가족의 부재를 부득이한 사유로 보고 할증과세를 적용하지 않습니다.

선순위 상속인의 상속포기로 후순위 상속인(손자녀)이 상속받는 경우

상속이 개시되었으나 선순위 상속인이 1명일 때는 해당 상속인이 또는 상속인이 여러 명일 때 상속인 전원이 상속포기를 하는 경우에 다음 순위 상속인이 손자녀이면 상속세금에 대해 할증과세를 합니다.

- 세대생략상속 시 상속세 30~40% 할증
- 대습상속 시 할증 제외
- 할증 목적은 세대당 과세 형평 유지

030
상속주택
- 상속주택이 여러 채일 경우 어떻게 하나요?

상속주택특례란, 상속받은 주택(피상속인이 상속개시 당시 2 이상의 주택을 소유한 경우에는 아래 순위에 따른 1주택을 말한다)과 그 밖의 주택(일반주택)을 국내에 각각 1개씩 소유하고 있는 1세대가 일반주택을 양도하는 경우에는 국내에 1개의 주택을 소유하고 있는 것으로 보아 1세대1주택 비과세 규정을 적용하는 것입니다.

선순위 상속주택
- 피상속인이 소유한 기간이 가장 긴 주택
- 피상속인이 거주한 기간이 가장 긴 주택
- 피상속인이 상속개시 당시 거주한 주택
- 기준시가가 가장 높은 주택

상속받은 주택을 팔면 양도세를 내야 하나요?

상속으로 주택을 취득하게 되는 상황에서 상속인이 이미 주택을 보유하고 있는 경우가 많습니다. 상속인이 추가로 상속주택을 취득하고, 상속주택을 먼저 양도하게 되면 양도소득세를 신고하고 납부해야 합니다.

최적의 절세는 상속으로 주택을 취득하게 되었을 때 향후 판매 시기 및 판매가액을 예상해서 전략을 짜는 것입니다.

① 상속주택을 취득하면 주택을 추가로 취득한 것으로 본다.
② 1채를 이미 가지고 있고, 상속으로 인한 추가 주택 취득 시 기존주택을 먼저 파는 경우에는 기존주택이 1세대 1주택 비과세 요건을 충족하면 양도가액 12억 원까지는 양도세가 없다. 또한, 기존 주택을 먼저 양도하는 경우 양도 기간에 제한이 없다.
③ 상속주택을 먼저 양도하는 경우에는 양도소득세가 나올 수 있다.
④ 여러 명의 상속인들이 공동으로 상속주택을 취득하는 경우에 소유자 판단은 지분이 높은 자 → 지분이 동일하면 상속주택에 거주하는 자, 연장자순으로 판단한다.

핵심요약

- 상속주택 취득 시 기존 보유 주택과 합산되어 양도세 문제가 생길 수 있음.
- 양도 시기·방법에 따라 세금 차이가 크므로 전략적으로 처분이 필요함.
- 여러 명이 공동으로 상속받는 경우 지분이 큰 자, 거주자, 연장자 순으로 소유자 판단

031
상속포기
- 상속포기를 하면 상속세를 내지 않아도 되나요?

상속이 개시되면 피상속인의 재산상 모든 권리와 의무는 상속인의 의사와는 상관없이 상속인에게 승계됩니다. 여기서 이야기하는 재산상 모든 권리란, 일반적으로 피상속인이 보유하고 있던 재산을 받을 권리를 말하며, 의무는 일반적으로 갚아야 하는 빚(부채)을 말합니다.

상속이 발생하면 자산만 있는 경우도 있지만, 대부분 자산과 부채가 공존하고 있습니다. 특히 부동산이 있는 경우 부채가 있는 경우가 많습니다. 상속받을 자산과 더불어 부채까지 함께 있는 경우, 부채가 자산보다 크면 상속포기를 고려하게 되는 상황이 발생됩니다.

상속도 다양한 승인 방법 및 포기 방법이 있습니다.

상속 단순승인
단순승인이란, 단어 그대로 피상속인 소유의 모든 권리와 의무를 제한 없이 승계하는 형태입니다. 일반적으로 상속이 발생되면 단순승인으로 진행됩니다. 상속개시 있음을 안 날로부터 3개월 내 한정승인 또는 상속포기를 하지 않으면 상속인이 단순승인한 것으로 보고 있습니다. 즉, 단순승인이 일반적인 과정이며 단순승인을 원하지 않는 경우 별도 행위를 통해 상속의 방법을 변경할 수 있습니다.

상속 한정승인

한정승인이란, 상속인이 상속받는 재산을 한도로 채무 등을 변제함으로써 상속의 범위를 한정하는 것입니다. 쉽게 표현하면, 자산을 한도로 채무의 인수범위를 제한한다는 뜻입니다.

한정승인이 진행되는 이유는 상속인의 의사를 묻지 않고 단순승인이 진행되는 경우, 상속인이 받을 수 있는 피해와 부담을 방지하기 위함입니다. 예를 들면, 상속이 발생되었는데 피상속인의 자산이 10억 원, 부채가 15억 원인 경우 순자산은 마이너스 5억 원입니다. 상속인의 의사에 상관없이 단순승인만이 존재한다면 상속의 개시로 인해 상속인은 빚이 5억 원 생기는 것입니다.

한정승인의 경우 상속개시 있음을 안 날로부터 3개월 이내에 신청할 수 있습니다.

상속포기

상속포기란 상속의 단순승인의 정반대라고 생각하면 됩니다. 단순승인은 상속으로 인한 모든 권리와 의무를 승계하는 것이지만, 상속포기는 반대로 모든 권리와 의무를 포기하는 것입니다.

상속포기는 상속인별로 각자의 의사에 의해 진행하는 것이기에 전원이 합의해서 진행할 필요는 없습니다. 상속포기자는 상속개시 때부터 상속인이 아니었던 것과 같은 지위에 놓이게 됩니다.

상속포기자도 사전에 증여받은 재산이 있다면 상속세 납부 의무 및 연대납세 의무가 있습니다. 이는 사전에 재산을 증여받고 이후 상속세 회피를 방지하기 위해 만들어진 규정입니다.

- 단순승인·한정승인·상속포기 방법 있음.
- 상속포기는 권리·의무 모두 포기, 상속인 개별 진행 가능
- 사전에 증여받은 재산은 상속세 납부 의무 가능

032
세무 대리인
- 세무 대리인을 반드시 선임해야 하나요?

    세무 조사의 대응은 상속세를 전문으로 하는 세무사에게도 쉬운 일은 아닙니다. 상속세 신고 후 조사가 진행되는 경우, 세무 대리인 선임 없이 세무 조사에 대응하는 것은 흡사 변호사 없이 재판에 나가는 행위와 비슷합니다. 변호사 없이도 재판에 나갈 수는 있습니다. 다만 대리인 선임 없이 혼자 재판을 진행했을 때 본인에게 유리한 결과를 가져올 가능성은 적을 수 있습니다.

    상속세 신고 후 세무 조사 진행 시 세무 대리인 선임 없이 세무 조사를 직접 진행한다면 세무 조사관이 이렇게 말하곤 합니다.
"세무 대리인 없으세요?"
이 질문에는 많은 의미가 담겨 있습니다.

    그렇다면 '상속세 신고는 직접 하고, 세무 조사가 발생되었을 때만 세무 대리인을 선임하면 되는 것인가?' 하는 의문이 들 수 있습니다.

어떤 사건이 발생했습니다. 몇 년의 시간이 흘러 해당 사건으로 인해 법률 다툼이 발생했습니다. 법적 다툼에는 증거와 상황에 관한 내용을 기록하고 정리하는 것이 중요합니다. 사전에 법적 다툼을 예상했음에도 불구하고, 과거의 사건에 대해 정해진 시간 동안 재판에 필요한 자료를 준비한다는 것도 어렵고, 실제 변호사와 같은 법률대리인에게 해당 사건에 대해 이해시키는 것 또한 어렵습니다.

사건을 이해시키기 위해 설명하는 과정은 아주 중요합니다. 변호사는 대리인으로 해당 사건에 대해 명확하게 인지하고 있어야 제대로 된 변호를 진행할 수 있습니다. 제대로 된 변호가 결국 소송을 승리로 이끌 수 있습니다.

그런데 만약에 해당 사건이 발생되었을 때 변호사가 함께 있었다면 상황은 어떻게 달라질까요? 함께했기에 과거에 있었던 사건에 대한 증거를 모을 필요도 없고, 이미 변호사는 해당 사건에 대해 누구보다 잘 알고 있기에 추가로 설명할 필요도 없습니다.

바로 이러한 점 때문에 상속세 신고부터 조사까지 세무 대리인을 선임해서 함께 진행하는 것이 좋습니다. 다만 신고와 조사를 각각 다른 세무 대리인을 통해서 진행한다면, 업무용역에 대한 수수료도 비싸질 뿐만 아니라 업무에 혼선이 생길 수도 있습니다.

상속세 신고 시 세무 대리님 선임은 기본적으로 상속세 절세를 추구하며, 더 나아가 내 재산을 보호하기 위한 선택이 아닌 필수 절차입니다.

- 상속세 신고부터 조사까지 세무 대리인 선임이 절세·대응에 유리함.
- 신고와 조사 대리인이 다르면 수수료 증가·업무 혼선 우려가 있음.

033
세무 조사
- 세무 조사, 어떻게 받고 언제 진행되나요?

일반적으로 대한민국에서 살면서 세무 조사를 직접 겪어본 사람은 많지 않을 것으로 생각합니다. 최근 국세청은 정상적으로 세금을 납부하는 사업을 영위한다는 가정하에 5년 주기로 진행하는 정기세무 조사도 줄이는 추세입니다. 만약 부동산을 양도함으로 인해 발생되는 양도소득세도 신고만 제대로 한다면 세무 조사를 받을 위험은 적습니다.

그러나 메스컴 등을 통해서 세무 조사라는 단어를 듣게 되면 '무섭다'라는 생각을 먼저 하게 됩니다. 상속세 신고에서 세무 조사는 일종의 '동반자'와 같습니다. 동반자라고 표현한 것은 상속세 세무 조사는 신고 후 이어지는 절차이며, 세무 조사를 통해서 최종 상속세가 확정되기 때문입니다.

상속세 신고 시 세무 조사에 대해서 알아보겠습니다.

정부 부과 제도와 신고 납세 제도

세금을 누가, 어떻게 종결하느냐에 따라 정부 부과 제도와 신고 납세 제도로 나뉩니다. 모든 세금에는 시작과 끝이 있습니다. 이 시작과 끝에 관한 이야기입니다.

신고 납세 제도의 경우, 우선 납세자가 세금 신고를 하면 확정이 됩니다. 물론 무신고한 경우, 과세관청(국세청)에서 확정을 합니다. 여기서 말하는 확정이란, 세금 신고를 했고 해당 금액에 대해서 인정하는 것입니다. 중요한 점은 '인정한다'라는 의미가 세금 신고의 종결을 말하지는 않습니다. '인정한다'는 일단 확정된 것으로 본다라는 의미이며, 추후 신고가 불성실하게 되었거나 정상적이지 않은 경우, 조사라는 정식 절차를 통해서 당초 신고한 세금을 수정시킬 수 있습니다.

반면 정부 부과 제도라는 말은 해당 단어처럼 정부(국세청)가 처음부터 알아서 부과한다는 제도를 말하지는 않습니다. 정해진 기간 동안 정당한 방법으로 세금 신고를 잘하고 추후 과세관청(국세청)의 조사를 통해 제대로 신고를 했는지 검증하고 확정해주겠다는 표현입니다.

즉, 신고 납세 제도는 법인세, 소득세 같은 세금에 적용되며 일차적으로 납세 의무자에게 확정권을 부여하고 이차적으로 무신고, 또는 수정사항이 있는 경우에는 과세권자가 확정합니다. 일단 신고한 세금에 대해서 인정을 해주기에 신고서를 제출하면 효력이 발생하는 세금 제도입니다.

반면 정부 부과 제도는 과세권자에게만 확정권을 부여한 제도입니다. 조사 등 이후 과세권자가 확정하면 세금 신고의 효력이 발생하게 됩니다.

상속세 신고에서 세무 조사가 동반되는 이유와 세무 조사가 중요한이유는 바로 상속세가 정부 부과 제도가 적용되는 세목이기 때문입니다.

세무 조사의 진행 과정

세무 조사는 국세공무원이 진행합니다.

적은 인원으로 많은 납세자에 대한 세무 조사를 진행해야 하는데, 실제 세무 조사 결과 납부할 세금이 여전히 없거나 적으면 세무 조사에 대한 효용성이 떨어지게 됩니다. 즉, 성과 측면에서도 비슷한 시간을 소비했는데 별다른 성과를 내지 못할 것입니다. 따라서, 상속공제 등으로 상속세가 나오지 않거나 상속재산가액이 낮다면, 세무 조사가 진행될 가능성이 낮아집니다.

실무적으로는 상속재산이 15억 원 정도부터 세무 조사가 나온다고 생각하면 됩니다. 다만 상속세 신고 후 실제 세무 조사가 나오지 않는다고 하더라도 약식의 조사는 나올 수 있으니 신고 자체는 신중하게 진행해야 합니다.

상속세 재산 금액별 조사 기준(감사원 세무 조사 운영 실태 조사 기준)

처리 담당		상속세	증여세
세무서 신고 담당	자료 처리	① 과세 미달 ② 20억 원 미만 중 부동산 및 부동산에 관한 권리, 보험금을 제외한 상속재산가액 1억 원 미만 등 ③ 15억 원 미만 중 세액 1,000만 원 미만	등기 등으로 확인되어 실지조사 없이 과세 가능한 자료

처리 담당		상속세	증여세
세무서 조사 담당	자료 처리	25억 원 미만 중 부동산 및 부동산에 관한 권리, 보험금을 제외한 상속재산가액 3억 원 미만 등	재산가액의 평가, 부담부증여 등 과세 요건 확인을 위해 조사가 필요한 자료
	간편 조사	30억 원 미만	
	일반 조사	30억 원 이상 50억 원 미만	
지방청	일반 조사	상속재산가액 50억 원 이상	주식 등 증여재산가액 30억 원 이상(부동산 제외 금액)

　세무 조사의 경우 상속세 신고 기한부터 9개월 이내로 발생됩니다. 우선 우편으로 세무 조사의 시작을 알리는 통지가 옵니다. 세무 조사는 3개월 정도 진행됩니다. 물론 간단한 조사의 경우, 1~2개월 이내로 종결되기도 합니다. 일반적으로 세무 대리인이 납세자를 대신해서 세무서에 방문해 자료 제출이나 조사에 대한 대응을 대신하기 때문에 세무 대리인을 통해 납세자는 소통을 하며 진행 과정을 전달받으면 됩니다.

- 상속세는 정부 부과 제도로 신고 후 세무 조사 중요
- 상속재산 약 15억 원 이상부터 조사 가능성 큼.
- 신고 후 9개월 이내 조사 진행

034

수정신고
- 신고 후 수정이 가능한가요?

상속개시 이후 6개월 안으로 상속세 신고를 완료해야 합니다. 다만 다음의 경우에는 상속세 수정신고를 통해서 당초 신고된 상속세 내용을 수정할 수 있습니다. 수정신고를 진행하는 다양한 경우와 이로 인해 발생하는 가산세에 대해서 알아보겠습니다.

당초 상속세 신고 후 부동산을 양도하는 경우

당초 상속세 신고 시 감정평가나 매매사례가액으로 신고하지 않은 부동산의 경우에 상속세를 신고한 뒤 해당 부동산을 양도하게 되면, 상속세 신고 기한 후 9개월 내 재평가심의위원회를 열어 양도 시 거래가액을 새로운 시가로 인정받아 당초 신고된 상속세금을 수정신고해서 상속재산의 가액을 증액시킬 수 있습니다.

상속가액이 증액되는 경우, 상속세금의 증액으로 이어집니다. 이렇게 하는 이유는 최종적으로 증가된 상속세금과 양도세금을 종합해보았을 때 양도세까지 고려한다면 종합적인 세금의 절세를 할 수 있습니다. 물론 시뮬레이션 결과 전체적인 세금을 줄일 수 없다면, 해당 수정신고는 의미가 없습니다.

당초 상속세 신고 시 상속재산을 누락하는 경우

일반적으로 국내 재산의 경우 원스톱서비스를 통해 재산 파악이 가능하지만, 해외재산의 경우, 누락되는 일이 종종 있습니다. 당초 상속세 신고 후 누락된 해외 상속재산을 발견해 신고된 상속세를 수정합니다.

유류분청구소송의 결과, 상속재산을 재분할하는 경우

유류분 반환에 대한 법원의 확정 판결이 있은 날로부터 6개월 이내 상속세 신고를 다시 해야 합니다. 예를 들면, 2025년 8월 1일에 확정 판결을 받은 경우라면, 2026년 2월 말일까지 상속세 신고를 다시 해야 합니다.

만약 유류분으로 반환받은 재산 중 상속개시일로부터 10년이 지난 증여재산인 경우, 당초부터 증여가 없었던 것으로 판단하기 때문에 상속재산에 반영됩니다. 유류분 제도의 특성상 고인의 생전 자산 처분이 상속인의 유류분을 침해했다면, 언제 이루어진 증여든 상관없이 되돌려 받을 수 있습니다.

- 부동산 양도, 재산 누락, 유류분 판결 시 수정신고 가능
- 상속세 신고기한 후 양도시 법정 결정기한 내에 시가 재평가 가능

035

실거주
- 실거주 여부가 세금에 영향을 미치나요?

상속세 신고를 진행하다 보면 많이 발생하는 상황입니다. 과거 피상속인 소유의 집에 피상속인과 상속인이 동시에 실제 거주를 했습니다. 시간이 흘러 피상속인이 사망해 상속이 개시되었습니다.

해당 주택은 상속인이 상속을 받았고, 상속의 결과로 상속인은 1주택을 소유하게 되었습니다. 해당 주택을 바로 양도했을 때 1세대 1주택 비과세를 적용할 수 있는지에 대한 부분이 중요한 포인트입니다.

즉, 상속인이 피상속인 소유의 주택을 상속을 원인으로 취득했고, 해당 주택에 피상속인과 함께 실제 거주를 했다면 상속인이 해당 주택을 양도 시 원래 소유는 피상속인의 것이었으나 상속인이 보유 및 거주한 것으로 판단해 1세대 1주택 양도 시 비과세 규정을 판단하게 됩니다.

단, 양도 시 1세대 1주택 비과세 규정과는 별도로 오래 보유함으로

써 적용받는 장기보유특별공제는 적용되지 않습니다. 장기보유특별공제는 상속개시일부터 보유 및 거주 기간을 계산합니다.

- 상속주택 양도 시 실거주 여부에 따라 1세대 1주택 비과세 여부 결정
- 상속 전 피상속인과 동거·실거주 시 비과세 가능
- 장기보유특별공제는 피상속인 보유 기간까지 적용 안 됨.

036

납세지
- 상속세는 어디에 신고하나요?

상속세를 신고하는 납세지가 상속세 신고 시 중요한 요소가 됩니다. 잘 계산해서 제대로 된 기관에 신고해야 하기 때문입니다. 즉, 적법한 관할의 세무서장에게 제출해야 합니다. 다만 세금 신고의 편의성으로 인해 실제 관할이 아닌 세무서장에게 제출된 경우에도 그 신고 효력에는 영향이 없습니다. 여기서 말하는 '세무서장에게 제출한다'라는 것은 '실제 세무서장을 만나 제출한다'라는 표현이 아니라 각 지역의 세무서를 총괄하는 사람이 세무서장이기 때문에 실질적인 의미는 관할 세무서 민원실에 제출한다고 이해하면 됩니다.

상속세 관할에 대해서는 다양한 조건에 따라 달라집니다. 상황별 납세지에 대해 알아보겠습니다.

상속개시지가 국내인 경우
일반적으로 상속의 개시가 국내에서 발생되는 경우, 피상속인의 주소지 관할 세무서가 상속세 신고의 관할이 되며, 일반적으로 세무 조사가 발생되는 경우에도 피상속인 주소지의 관할 세무서에서 조사가 진행됩니다. 다시 말하면, 피상속인의 주민등록상 주소지 관할 세무서가 관할 기관이 됩니다.

상속개시지가 국외인 경우

상속개시지가 국외인 경우, 상속재산 소재하는 지역의 세무서장이 과세하게 됩니다. 여러 지역에 걸쳐 상속재산이 소재하는 경우, 해당 재산 중 가치가 가장 큰 재산이 속한 지역의 세무서장이 관할하게 됩니다.

피상속인이 비거주자인 경우 특이점

피상속인이 비거주자인 경우 국내에 있는 모든 상속재산을 과세 대상으로 해서 납세 의무가 발생합니다. 이때 상속 개시지가 국외인 경우 국내에 있는 재산의 소재지를 관할하는 세무서장 등이 상속세를 과세하게 됩니다.

핵심요약

- 피상속인 주소지 관할 세무서에 신고
- 국외 상속개시는 재산 소재지 관할 세무서에 신고
- 비거주자는 국내 재산 소재지 관할 세무서에서 과세

037

상속세 시기
- 상속세는 언제, 어떤 경우에 발생하며, 언제까지 납부해야 하나요?

상속세를 제때 신고하지 않으면 가산세 등의 불이익이 발생할 수 있습니다. 사례에 따라 언제까지 신고해야 하는지 알아보겠습니다.

일반적인 경우

상속인 또는 수유자는 상속개시일이 속하는 달의 말일부터 6개월 이내에 납세지 관할세무서장에게 신고해야 합니다. 예를 들어, 상속개시일이 1월 5일이라면 7월 31일까지 신고해야 합니다.

피상속인(돌아가신 분)이 외국에 주소를 두거나
상속인 전부가 외국에 주소를 둔 경우

상속개시일이 속하는 달의 말일부터 9개월 이내에 납세지 관할세무서장에게 신고해야 합니다.

신고 기한까지 상속인이 확정되지 않은 경우

상속세 신고 기한 이내에 상속인이 확정되지 않은 경우에도 신고 기한 이내에 신고해야 하고, 신고와는 별도로 상속인이 확정된 날부터 30일 이내에 확정된 상속인의 상속관계를 적어 납세지 관할세무서장에게 제출해야 합니다.

신고 기한까지 상속재산이 확정되지 않은 경우

피상속인의 소유가 아닌 재산을 법원의 확정판결을 통해 소유권을 회복한 경우에는 확정판결일로부터 6개월 이내에 상속재산으로 신고해야 합니다.

유류분으로 상속재산을 반환받은 경우

법원의 확정판결에 따라 유류분으로 반환받은 상속재산에 대해서는 6개월 이내에 신고해야 합니다.

핵심요약

- 일반 상속세 신고 기한은 6개월, 해외 거주 시 9개월
- 상속인·재산 확정 전이라도 기한 내 신고 필수
- 유류분 반환·판결 시 6개월 내 신고

038

연대납세 의무
- 다른 상속인이 상속세를 내지 않으면 어떻게 되나요?

상속인이나 수유자는 세법에 의해 부과된 상속세에 대해 각자가 받았거나 받을 재산(=자산총액-부채총액-상속세액)을 한도로 연대해 납부할 의무가 있습니다.

각자가 받았거나 받을 재산에는 상속재산에 가산하는 증여재산이나 추정상속재산 중 상속인이나 수유자의 지분 상당액이 포함됩니다.

경우에 따라 상속인이 아닌 자에게 발생된 사전증여가 상속개시 5년 이내에 대량으로 발생된 경우, 상속인들은 실제 본인들이 상속받은 재산이 아니라고 하더라도 실제 취득해서 냈을 상속세금보다 더 많은 상속세를 내게 되는 상황이 생기기에 생전에 상속인이 아닌 자에 증여하는 것은 신중해야 합니다.

상속이 발생되면 상속인이 여러 명인 경우 각자가 자기 상속재산 비율에 따라 상속세금을 납부해야 합니다. 만약 상속세 납세 의무자 등 일부가 상속세를 납부하지 않은 경우에는 다른 상속세 납부 의무자들이 미납된 상속세에 대해 자기가 받았거나 받을 재산을 한도로 연대 납부할 책임이 있습니다.

연대납세 의무의 악용

연대납세 의무의 최악의 사례에 대해 말씀드리겠습니다.

만약 두 형제가 200억 원을 상속받았는데, 형은 190억 원, 동생은 10억 원을 상속받았다고 가정하겠습니다. 형은 상속세금이 19억 원, 동생은 1억 원이 계산되었을 때 만약 형이 상속세금을 내지 않고 도망간다면 동생이 형의 상속세금 19억 원을 대신 내야 합니다. 이를 '상속세 연대납세 의무'라고 합니다. 다만 연대납세 의무규정도 한도가 있습니다. 바로 자신이 빋은 상속재산가액을 한도로 합니다. 일단 해당 세금을 대신 납부하고 나서 민사소송을 통해서 구상권을 청구합니다.

연대납세 의무를 통한 절세

연대납세 의무를 잘 활용하면 절세로 활용할 수 있습니다. 상속인 중 1명이 상속세를 납부해야 하는 상황에서, 배우자나 부모님이 해당 금액을 대신 납부할 수 있습니다. 대신 납부하는 것은 연대납세 의무 규정이며, 이는 상속세법에서 정한 합리적인 방법입니다.

상속세를 대신 납부하는 것은 단순한 대납으로 볼 수 없습니다. 현행 상속세법에서는 연대납세 구조상 문제가 없는 합법적인 방식입니다.

만약 실제 상속세금을 대신 내게 하기 위해 현금을 증여해 세금을 납부하게 된다면, 현금이 이동하는 과정이 곧 증여가 되기 때문에 추가 증여세를 부과해야 합니다.

예를 들어, 1억 원의 상속세금을 대신 내주고 싶어 현금 1억 원을 증여한다면 증여세 1,000만 원가량을 추가로 납부해야 하지만, 연대납세 의무 규정을 이용해 부모가 직접 상속세금을 대신 납부하면 별도 증여세 부담 없이 자녀에게 실질적으로 자금을 이전할 수 있는 창구로 활용할 수 있습니다.

주의할 점은, 상속세를 대신 내줄 수 있는 금액은 연대납세 의무 규정이 정하는 자신이 상속받은 재산의 범위 내여야 한다는 것입니다. 그 이상의 금액을 대납하게 되면 국세청은 증여로 판단해 증여세를 부과합니다.

- 상속인은 받은 재산 한도로 타인의 미납 상속세 납부
- 규정 활용 시 합법적 상속세 대납 가능

039

영농
- 영농상속공제는 누구에게 적용되나요?

영농상속공제는 영농을 계속 이어간다는 가정하에 국가적 지원의 차원에서 일반 상속인들보다 추가적인 상속공제의 혜택을 부여하는 것입니다.

영농상속공제의 요건

1) 영농의 범위

일반적으로 영농이란 농업, 임업 및 어업을 말합니다. 농업은 밭, 임업은 산, 어업은 바다라고 생각하시면 됩니다. 일종의 농지, 산, 바다를 보호하기 위한 혜택입니다.

2) 피상속인(고인)의 요건

① 8년 이상 영농에 종사

상속개시일로부터 과거 8년간 농업, 임업, 어업활동을 계속적으로 수행해야 합니다.

② 거주 요건

해당 농지 등으로부터 직선거리 30km 이내 지역에 거주해야 합니다.

3) 상속인(상속받는 자) 요건

① 18세 이상

상속인은 상속개시일 당시 만 18세 이상이어야 합니다.
실제 행위를 할 정도의 성장을 했어야 합니다.

② 2년 이상 영농에 종사

상속인은 상속개시일 기준 2년 전부터 농업, 임업, 어업활동을 실제로 수행했어야 합니다. 최소 2년은 함께 일을 했어야 합니다.

③ 거주 요건

해당 농지 등과 직선거리 30km 이내에 거주해야 합니다.

사후 관리

실제 영농상속공제를 받고 나서 바로 영농에 종사하지 않는 경우, 과세관청의 사후 관리 규정에 의해 공제받은 상속세금을 반환해야 합니다. 사후 관리는 5년간 진행되기에 상속개시일 후 5년간은 영농에 종사해야 합니다.

만약 건강의 문제이거나 천재지변 등 불가항력적인 문제, 혹은 해당 농지 등이 공익사업 등에 수용되어 부득이하게 영농에 종사할 수 없는 경우에는 정당한 사유로 인정되어 상속세금을 추징하지 않습니다.

영농상속공제의 계산

영농상속공제는 최대 30억 원까지 실제 영농상속재산가액에서 공제될 수 있습니다. 만약 35억 원의 영농상속재산의 상속이 발생되는 경우 영농상속공제 30억 원 및 기초공제 5억 원을 더해 실제 상속세금 납부할 금액은 없습니다.

- 농업·임업·어업 상속 시 최대 30억 원 공제
- 피상속인 8년, 상속인 2년 이상 영농 종사 요건
- 5년간 사후 관리, 불가항력 시 추징 면제

040
예술품(미술품)
- 서화, 골동품 등 예술품도 상속재산에 포함되나요?

　대한민국의 경제가 성장함에 따라 예술품을 사고팔거나 보유하는 사람들이 많아졌습니다. 예술품 등을 판매하거나 상속이 발생되는 경우 세금이 발생합니다.

예술품 거래 시 관련 세금

1) 취득

　예술품은 취득세 과세 대상이 아닙니다. 따라서 예술품을 유상으로 구입하더라도 발생하는 세금은 없습니다.

2) 보유

　부동산과 다르게 예술품은 보유 시 발생하는 보유 세금이 없습니다. 부동산의 경우, 재산세 및 종합 부동산세 등 보유세가 매년 부과됩니다. 반면 미술품에 대해서는 보유하면서 발생하는 세금이 없습니다.

3) 처분

예술품을 판매할 때 발생하는 소득(양도소득)에 대한 세금 처리는 크게 기타소득과 사업소득으로 분류됩니다.

예술품 상속 시 상속재산에 포함

상속이 발생되면 상속재산에 포함되는 재산은 세법이 정한 특정자산을 제외한다면, 모든 재산을 포함한다고 되어 있습니다. 즉, 예술품은 별도 제외재산은 아니기 때문에 상속재산에 당연히 포함됩니다. 다만 실제 상속재산에 포착되기 어려운 경우가 많습니다.

예술품의 평가는 어떻게 하나요?

판매용이 아닌 서화·골동품 등 예술적 가치가 있는 유형재산(예술품)의 평가는 2개 이상의 전문기관에서 감정한 가액의 평균액을 미술품에 대한 보충적 평가 방법으로 보게 됩니다.

다만 해당 감정평가한 금액이 감정평가심의회가 감정한 가액보다 낮게 평가될 시에는 3인 이상의 전문가로 구성된 감정평가심의회가 감정한 가액으로 평가합니다.

특수관계인 간에 양도 양수하는 경우로서 감정평가한 금액이 감정평가심의회가 감정한 가액의 150%를 초과하는 경우에는 감정평가심의회가 감정한 가액으로 평가합니다.

핵심요약

• 예술품도 상속재산에 포함, 취득·보유세 없음.

• 감정평가로 시가 산정, 특수관계 거래 시 제한

• 포착이 어려워 누락 가능성 큼.

041

유류분
- 유류분청구가 상속세에 영향을 미치나요?

유류분청구소송이란?

공동상속인들 사이에서 공평한 이익이 피상속인의 증여나 유증으로 침해되는 것을 막고, 상속재산의 공정한 분배를 위해 시작되었습니다. 실무적으로 유류분이란, 상속개시로 인한 상속의 발생 시 상속재산 취득에서 배제된 상속인이 법원에 본인의 재산적 권리를 청구하는 소송으로 본인의 법정 지분의 50%를 청구하는 내용입니다.

만약 어머니, 형, 본인이 상속인인 경우 어머니의 법정 지분은 1.5, 형 및 본인의 법정 지분은 각 1입니다. 즉, 본인의 법정 지분은 1/3.5(약 28%)로 정해집니다. 유류분청구소송은 본인의 법정 지분 약 28%에서 50%인 14%의 지분을 인정받는 소송입니다.

제소 기한과 소멸시효

상속개시와 반환해야 할 증여, 유증 사실은 안 날로부터 1년 이내에 청구할 수 있고, 상속개시일부터 10년이 넘으면 청구할 수 없습니다.

유류분청구소송의 결과, 상속세금의 변화

만약 유류분청구소송의 결과, 부동산이 상속재산에 포함되는 경우, 유류분청구로 취득하는 부동산은 상속개시일 기준으로 평가해 상속세금을 재계산하게 됩니다. 이에 따라 부동산 가치가 상승했으나 상속 당시 낮은 가액으로 신고했을 경우, 상속세금이 누진세율에 의해 추가로 계산될 수 있습니다.

추후 발생할 소송과 추가 납부할 상속세를 피하는 방법

처음 상속세 신고를 진행할 때 유류분청구 전, 상속 관련 세무 시뮬레이션을 통해 소송에 발생하는 순이익과 지출되는 세금 및 소송비용을 산정해서 실익이 있는지를 판단해야 합니다.

핵심요약

- 법정상속분의 절반을 보장하는 제도
- 청구는 안 날로부터 1년, 상속개시일부터 10년 이내
- 유류분 반환재산은 상속세 재계산

042

유언장
- 유언장이 있을 경우, 상속세 계산은 어떻게 하나요?

상속재산의 분배 방식에 대해 상속개시 전 유언을 통해 분배의 내용을 남기는 방법이 있습니다. 이것을 '유언'이라고 말합니다. 유언에 따라 상속재산의 방향이 정해지는 중요한 절차로 법적 형식을 철저하게 지켜야 효력이 인정됩니다.

유언 방식에 따른 효력

유언은 법에서 정한 방식에 따라 이루어져야 그 효력이 인정됩니다.

유언 방식

우리 '민법'에서는 유언을 5가지 방식으로 정하고 있으며, 그 방식은 다음과 같습니다.

1) 자필증서 유언

'자필증서에 의한 유언'이란, 유언자가 직접 자필로 유언장을 작성하는 것을 말합니다.

2) 녹음 유언

‘녹음에 의한 유언’이란, 유언자가 유언의 취지, 그 성명과 연월일을 구술하고, 이에 참여한 증인이 유언의 정확함과 그 성명을 구술하는 방식의 유언을 말합니다.

3) 공정증서 유언

‘공정증서에 의한 유언’이란, 유언자가 증인 2명이 참여한 공증인의 면전에서 유언의 취지를 구수하고, 공증인이 이를 필기·낭독해 유언자와 증인이 그 정확함을 승인한 후 각자 서명 또는 기명날인하는 방식의 유언을 말합니다.

4) 비밀증서 유언

‘비밀증서에 의한 유언’이란, 유언자가 필자의 성명을 기입한 증서를 엄봉·날인하고 이를 2명 이상의 증인의 면전에 제출해 자기의 유언서임을 표시한 후, 그 봉서 표면에 제출 연월일을 기재하고 유언자와 증인이 각자 서명 또는 기명날인하는 방식의 유언을 말합니다.

5) 구수증서 유언

‘구수증서에 의한 유언’이란, 질병, 그 밖에 급박한 사유로 인해 다른 방식에 따라 유언할 수 없는 경우에 유언자가 2명 이상의 증인의 참여로 그 1명에게 유언의 취지를 구수하고, 그 구수를 받은 자가 이를 필기·낭독해 유언자의 증인이 그 정확함을 승인한 후 각자 서명 또는 기명날인하는 방식의 유언을 말합니다.

재산 분배의 효력 순위

피상속인의 유언에 의해 상속인들의 상속재산에 대해 사전에 지정해 놓을 수 있습니다. 다만 피상속인이 상속분을 지정해놓았다고 하더라도 유류분(법정 지분 비율의 50%)을 침해했다면 상속인은 유류분청구소송으로 자신의 재산권을 주장할 수 있습니다.

만약 유언에 의해 사전에 정해놓은 재산 분배 내역이 없는 경우, 법정상속분에 의하며, 상속인들은 얼마든지 본인들의 협의에 의해 상속재산의 분할 내용을 협의해 상속을 진행할 수 있습니다. 다만 협의에 의한 분할 시 상속인 전원이 참가해야 합니다.

핵심요약

- 민법상 5가지 유언 방식, 형식 요건 준수 필수
- 유언은 유류분 침해 시 무효 가능
- 유언 없으면 법정상속분 또는 협의 분할 적용

043

이혼
- 이혼 시 재산을 분할할 때 세금을 어떻게 해야 하나요?

법률혼과 사실혼 배우자의 이혼에 따른 비교

1) 법률혼 배우자

이혼한 경우, 재산 분할 청구권이 인정됩니다. 재산 분할로 인해 취득하는 자산의 경우, 양도세나 증여세 과세가 배제됩니다.

2) 사실혼 배우자

법률혼 배우자와 동일하게 재산 분할 청구권이 인정됩니다. 재산 분할로 인해 취득하는 자산의 경우, 양도세나 증여세 과세가 배제됩니다.

혼인관계 중 사전증여 했으나 상속개시 당시 이혼한 상황인 경우

상속개시 당시 기준으로 파악해볼 때 상속개시 당시는 이미 이혼한 상황이므로 전 배우자의 경우 상속인에 포함되지 않습니다. 상속인이 아닌 자에 대한 사전증여 규정이 적용되어 상속개시 5년 이내에 증여한 재산가액만 합산하게 됩니다.

　배우자 상속공제란, 민법상 혼인관계를 유지하고 있는 배우자만 적용 가능하기 때문에 배우자 상속공제는 적용할 수 없습니다. 혼인관계를 유지하고 있지 않은 배우자에 대한 사전증여재산이 있는 경우, 상속세 계산 시 차감하는 증여세액은 당초 실제 납부한 증여세액이 아닌, 배우자증여공제를 적용하지 않았을 때의 증여세 산출세액을 기준으로 계산합니다. 참고로 이혼한 배우자의 경우, 상속인이 아니기에 상속세의 납세 의무는 없습니다.

- 이혼 후 재산 분할은 과세 제외
- 이혼한 전 배우자에 대한 사전증여재산은 5년 이내만 합산
- 사실혼 상태 배우자상속공제 적용 불가

044
입양
- 입양되었는데, 상속재산을 받을 수 있나요?

　민법에서는 입양된 자녀도 친자녀와 동일하게 상속권을 인정하고 있습니다. 따라서 입양된 자녀도 상속재산을 받을 수 있습니다.

　입양은 양자 입양과 친양자 입양이 있습니다. 양자는 기존 친생부모와의 관계가 계속 유지되면서 새 부모가 생기는 것이고, 친양자는 친생부모와 관계가 단절되고, 새 부모와의 관계만 유지되는 것입니다. 즉, 양자는 부모가 더 생기는 것이고, 친양자는 부모가 바뀌는 것입니다.

　양자로 입양된 자는 양쪽 부모로부터 상속재산을 받을 수 있고, 친양자로 입양된 자는 새 부모로부터만 상속재산을 받을 수 있습니다.

　그렇다면 입양이 되지 않은 경우, 재산을 상속받을 방법이 있을까요?
대표적인 방법으로는 유언·유증을 통해 상속을 받거나, 계모·계부가 보험 가입을 하고 보험의 수익자를 의붓자식으로 지정하면 됩니다.

- 입양아도 친자녀와 동일하게 상속권 인정
- 양자는 친부모와 새 부모 양쪽에서 상속 가능, 친양자는 새 부모만 가능
- 입양이 안 된 경우에는 유언·보험 수익자 지정 등으로 상속 가능

045
장례비
- 장례비용도 공제되나요?

　장례비용은 원칙적으로 상속개시 당시 발생한 사건은 아닙니다. 실제 장례비용의 결제도 상속개시 이후 발생하게 됩니다. 다만 상속세법에서는 상속세금의 합리적인 계산을 위해 장례비용으로 상속재산이 줄어드는 만큼 상속세금을 일부 줄이게 하는 규정이 있습니다.

　즉, 장례비용은 상속개시 당시에 존재하는 채무는 아니지만, 상속 과정에서 필연적으로 발생하므로 일정 금액을 상속재산가액에서 공제하고 있습니다.

　장례비란, 사망일부터 장례일 사이에 직접 소요된 제반비용으로, 장례식장(빈소) 사용료, 음식비, 인건비, 장례용품비, 운구 차량비, 상조 회사비, 묘지구입비, 비석 등이 있습니다.

1) 피상속인의 사망일부터 장례일까지 장례에 직접 소요된 금액

500~1,000만 원까지 공제(봉안시설 또는 자연장지의 사용에 소요된 금액은 제외)

| 예시 |

① 장례비가 500만 원 미만인 경우 : 무조건 500만 원 공제

② 장례비가 500만 원 이상인 경우 : 최대 1,000만 원까지 공제

2) 봉안시설 또는 자연장지의 사용에 소요된 금액

최대 500만 원까지 공제

① 봉안시설 : 봉안묘, 봉안당, 봉안탑 등 유골을 안치(매장 제외)하는 시설

② 자연장지 : 화장한 유골의 골분을 수목, 화초, 잔디 등의 밑이나 주변에 묻어 장사할 수 있는 구역

* 피상속인이 비거주자인 경우에는 장례비 공제를 적용할 수 없음(비거주자란 대한민국에 주소지가 없거나 183일 이상 거주하지 않은 사람을 말함).

* 사십구재비용, 사찰 시주금 등은 장례에 직접 소요된 금액으로 볼 수 없어 공제 대상이 아님.

핵심요약

- 장례비 최대 1,000만 원, 봉안 시설비 500만 원 공제
- 장례식장·운구비·묘지비 등만 인정
- 비거주자는 공제 불가

재상속공제
- 상속받은 재산을 다시 상속하는 경우,
또 세금을 내야 하나요?

　당초 상속 발생 시 상속세금을 냈는데 추후 다시 상속이 발생하면 한 번 더 상속세를 내야 하는지에 대한 문의가 많습니다. 상속세법에서는 어느 정도 합리적인 규정을 만들어 과도한 상속세금이 발생하는 것을 줄여주는 규정이 있습니다.

　상속재산을 이미 받은 상속인이나 수유자가 상속재산을 받은 뒤 10년 이내에 사망해 다시 상속이 발생하는 경우, 재상속되는 상속재산에 대해 세액공제를 받을 수 있습니다.

　전의 상속재산이 재상속재산에 포함된 경우, 재산별로 각각 구분해서 단기재상속세액공제를 계산합니다. 그리고 상속받은 재산의 종류가 변경되었더라도 단기재상속공제가 가능합니다. 예를 들어, 아파트를 상속받았지만 처분해서 예금으로 가지고 있는 상태에서 재상속이 발생한다면 공제를 적용받을 수 있습니다.

단기재상속 공제액 = Min(① × ②, ③)

$$① \text{ 전의 상속세산출세액} \times \frac{\text{재상속분의 재산가액} \times \dfrac{\text{전의 상속세 과세가액}}{\text{전의 상속재산가액}}}{\text{전의 상속세 과세가액}}$$

② 공제율

재상속 기간	공제율	재상속 기간	공제율
1년 이내	100%	6년 이내	50%
2년 이내	90%	7년 이내	40%
3년 이내	80%	8년 이내	30%
4년 이내	70%	9년 이내	20%
5년 이내	60%	10년 이내	10%

재상속 기간에 따른 공제율

③ 공제한도 = 산출세액 − 증여세액(상속재산에 가산한 증여재산) − 외국 납부세액

핵심요약

- 상속 후 10년 내 재상속 시 세액 일부 공제
- 재산 형태 변동 시에도 공제 가능
- 중복 과세 방지를 위한 규정

047
재평가심의위원회
- 국세청에서 상속재산을 평가한다는데, 언제, 어떻게 평가하나요?

우선 재산평가심의위원회를 통한 시가 인정 절차가 있습니다. 직접 감정평가 등을 진행하지 않고, 재산평가심의위원회를 요청해 내 상속재산의 정당한 시가 판정을 국세청에 요청하는 절차입니다. 해당 위원회는 납세자 측에서 요청해서 진행할 수 있고, 반대로 국세청에서 요청해서 진행할 수 있습니다.

우선 납세자 측이 요청해서 진행하는 경우는 다음과 같습니다.

납세자 측이 재산평가심의위원회 요청하는 경우

재산평가심의위원회를 통해 매매 등의 가액을 시가를 인정받기 위해서는 상속세 법정신고 기한 만료 4개월 전까지 피상속인의 납세지 관할 재산평가심의위원회에 서면 및 인터넷(홈택스)을 통해 신청해야 합니다.

국세청이 재산평가심의위원회 요청하는 경우

국세청은 자산의 실제 가치에 따라 과세함으로써 공정한 과세를 실현하기 위해서 상속세 신고 후 사후적으로 재평가를 통해 신고된 재산의 가액을 증가시킬 수 있습니다. 실제 신고된 자산의 가치가 실제와 5억 원 이상 또는 시가의 10% 이상 차이가 나는 경우, 사후 감정평가 대상에 해당합니다. 사후 감정평가를 통해 시가로 인정되면 당초 납부했던 상속세금에 추가 세금을 더해서 납부해야 합니다.

즉, 상속개시일 전 2년 이내의 기간과 평가 기간이 경과한 후부터 상속세 법정신고 기한 후 9개월까지의 기간 중에 상속재산과 면적·위치·용도·종목 및 기준시가가 동일하거나 유사한 다른 재산의 매매 등 가액이 있는 경우로, 상속개시일과 매매 계약일 등 시가 적용 판단 기준일까지의 기간 중 주식 발행회사의 경영 상태, 시간의 경과 및 주위 환경의 변화 등을 고려해 가격 변동의 특별한 사정이 없다고 보아 납세자, 세무서장 등이 재산평가심의위원회에 해당 매매 등의 가액에 대한 시가 심의를 신청하는 때는 위원회의 심의를 거쳐 인정된 해당 매매 등의 가액을 시가로 포함할 수 있습니다.

핵심요약

- 시가 인정을 위해 납세자·국세청이 요청 가능
- 재산가액 차이 5억 원, 혹은 10% 이상이면 사후 재평가 가능
- 시가로 인정되면 추가 세금 발생 가능

048

제척 기간
- 상속세의 제척 기간은 몇 년인가요(제척 기간의 의미)?

　모든 세금은 일정 기간 내지 않으면 세금을 부과할 수 있는 부과권이 소멸되어 국세를 부과할 수 없습니다. 부과뿐만 아니라 과세표준을 확정하는 등 어떠한 결정이나 경정도 할 수 없습니다. 상속세도 마찬가지로, 일정 기간이 지나면 과세할 수 없습니다.

상속세의 부과 제척 기간

　상속세의 부과 제척 기간은 국세를 부과할 수 있는 날로부터 10년입니다. 여기서 국세를 부과할 수 있는 날이란 상속세 신고 기한을 말합니다. 즉 상속세 신고 기한으로부터 10년이 경과된다면, 상속세를 징수할 수 없습니다.

특수한 경우

　다음과 같은 특수한 경우, 부과제척 기간이 15년으로 정해집니다.

① 납세자가 부정한 행위로 상속세를 포탈하거나 공제받은 경우

② 상속세를 신고하지 않은 경우

③ 상속세를 거짓으로 신고하거나 신고를 누락한 경우

납세자가 부정행위로 상속세를 포탈하는 경우

납세자가 부정행위로 상속세를 포탈하는 경우에는 다음의 어느 하나에 해당한다면, 해당 재산의 상속이 있음을 안 날부터 1년 이내에 상속세를 부과할 수 있습니다(예외: 상속인이 사망한 경우와 포탈세액 산출의 기준이 되는 재산가액이 50억 원 이하인 경우).

① 제삼자의 명의로 되어 있는 피상속인 또는 증여자의 재산을 상속인이나 수증자가 취득한 경우

② 계약에 따라 피상속인이 취득할 재산이 계약 이행 기간에 상속이 개시됨으로써 등기·등록 또는 명의개서가 이루어지지 않고 상속인이 취득한 경우

③ 국외에 있는 상속재산이나 증여재산을 상속인이나 수증자가 취득한 경우 등

🏠 핵 심 요 약

- 상속세 부과 제척 기간은 10년, 부정행위·무신고는 15년
- 기산점은 상속세 신고 기한
- 특정 부정행위는 안 날부터 1년 내 부과 가능

049

부모님 사망 시 주의점
- 상속 및 자산 관리를 어떻게 해야 하나요?

현금인출, 계좌이체

사망신고를 하면 고인의 계좌가 동결되기 때문에 미리 현금을 인출하거나 상속인에게 계좌이체로 돈을 옮기는 경우가 있습니다. 이러한 행위는 자칫 불필요한 세금이 나오는 경우가 있기에 하지 않는 것이 좋습니다.

추정상속재산에 해당되어 상속재산이 추가되거나 고액을 가족에게 이체한 경우, 추가적인 증여세가 발생하고 금융재산상속공제도 받을 수 없습니다.

부동산 처분

서둘러서 부동산을 양도하는 것도 신중해야 합니다. 현금 등 금융재산이 없어서 급하게 처분하는 경우, 자칫 세금만 더 납부하게 될 수 있습니다.

① 상속개시 전 양도하는 경우

부동산 양도가 5억 원, 취득가액 1억 원, 15년 이상 보유로 가정

양도세 약 9,400만 원

순 재산 5억 원 - 9,400만 원 = 4억 600만 원

② 배우자와 자녀 2명이 상속받아서 양도하는 경우

부동산 양도가 5억 원, 기준시가 3억 원으로 상속받았다고 가정

양도세 약 3,100만 원(3명 합산)

순 재산 5억 원 – 3,100만 원 = 4억 6,900만 원

이러한 사례의 경우, 사망 전에 양도하는 것보다 상속받은 후 양도하는 것이 순 재산을 높일 수 있습니다. 따라서 상속 전 부동산 양도를 계획하고 있다면 신중히 검토하시길 권장합니다.

- 사망 전 현금인출·이체, 부동산 처분은 세금 고려 필수
- 금융재산공제·상속세·증여세 불이익 가능

증여재산
- 증여재산은 어떻게 포함되나요?

　상속세는 원칙적으로 상속개시(사망일) 당시 상속재산에 대해 상속세를 계산해서 납부합니다. 간혹 상속세를 회피하기 위해 상속개시 전 재산을 상속인들에게 미리 증여하는 경우가 있습니다.

　상속세는 피상속인이 생전에 증여한 증여재산의 가액을 상속재산에 포함시켜 상속세 회피를 방지합니다. 단, 상속세를 납부하더라도 사전에 증여 시 납부했던 증여세금에 대해서는 세액공제해서 이중과세를 방지하는 장치도 가지고 있습니다.

합산 대상 증여재산의 범위
　상속개시일 전 10년 이내 피상속인이 상속인에게 증여한 재산가액과 상속개시일 전 5년 이내에 피상속인이 상속인이 아닌 자에게 증여한 재산가액을 상속재산에 가산해 상속세를 계산합니다. 특이한 점은 상속인은 사전 10년, 그리고 상속인이 아닌 자는 사전 5년의 기간을 두고 있습니다. 상속인이 아닌 자에 대한 사전증여재산도 포함시키는 이유는 상속인이 아닌 자를 통해 재산을 분산시켜 상속세 회피를 방지하기 위함입니다.

상속세 계산에 가산하는 사전증여재산가액

가산하는 가액은 과거 증여 당시 평가액으로 합니다. 사전증여재산의 경우, 상속 당시 가액이 아닌, 사전증여 당시 가액으로 가산한다는 것입니다.

만약 당초 증여 시 증여세를 신고하고 납부하지 않은 경우

만약 과거 증여 당시 증여재산에 대해 증여세를 미신고하고 증여세금을 납부하지 않은 경우, 해당 증여재산에 대한 증여세를 우선 계산해서 과세하고, 그 증여재산가액을 상속세 과세가액에 가산해 상속세금을 계산합니다. 이 경우, 뒤늦게 신고했기에 발생한 가산세 부담은 피할 수 없습니다.

핵심요약

- 상속 전 10년(상속인)·5년(타인) 내 증여는 합산과세
- 과거 증여가액 기준으로 산정
- 증여세 미납 시 가산세 부담

051

지분포기 대가
- 상속 부동산 지분을 포기하고,
현금으로 받을 때는 어떻게 해야 하나요?

상속인이 여러 명인 경우, 부동산을 어떻게 나누는 것이 좋을지 고민이 됩니다. 법정 지분대로 분할하면 깔끔하지만, 누구는 당장 부동산을 처분해서 현금화하고 싶고, 누구는 계속 보유하고 싶어 할 수 있습니다.

만약 지분을 나눈다고 해도 추후 해당 부동산을 양도할 때 모든 상속인들의 협의와 동의가 필요하고, 다툼이 있는 경우 처분을 하지 못할 수도 있습니다. 이러한 상황을 피하기 위해 상속 당시에 특정 상속인이 본인의 상속 지분을 포기하고, 그 대가로 다른 상속인으로부터 현금 등을 수령하는 경우가 있습니다.

상속재산의 협의 분할 시 자신의 상속 지분을 포기하고 그 대가로 다른 상속인으로부터 현금 등을 수령한 경우에는 그 상속인의 지분에 해당하는 재산이 유상으로 다른 상속인에게 이전된 것으로 봅니다. 즉, 유상 양도에 해당하게 됩니다.

지분을 포기하고 받은 대가가 상속재산의 지분 상당액과 같은 경우에는 양도세가 나오지 않지만, 만약 대가가 더 크다면 양도세가 나올 수 있으므로 주의해야 합니다.

- 지분 포기 대가 수령 시 유상 양도에 해당
- 대가가 지분가액보다 크면 양도세 부과

052
차명 자산
- 가족 명의의 주식이나 현금은 어떻게 처리하나요?

　간혹 상담을 진행하다 보면 피상속인의 재산인데, 가족분들의 명의로 보유하고 있는 경우가 종종 있습니다. 이를 '차명 자산'이라고 합니다. 원칙적으로 차명 자산이 피상속인의 자산이라면 상속재산에 포함됩니다.

　다만 재산의 종류에 따라 차이점이 있습니다. 우선 차명 주식의 경우, 원칙적으로 증여로 간주해 증여세를 부담합니다. 단, 차명 주식인 경우라도 조세 회피 목적이 없음을 납세자가 스스로 입증하는 경우에는 증여세가 부과되지 않습니다. 그리고 차명 예금의 경우에도 원칙적으로 피상속인이 소유자(명의자)에게 증여한 것으로 추정합니다. 마찬가지로, 해당 예금의 명의자가 증여가 아님을 입증한다면 증여로 취급되지는 않습니다.

- 차명 주식·예금도 상속재산에 포함
- 증여 아님 입증 시 과세 제외
- 조세 회피 목적이 없음을 증명해야 함.

053
차용
- 부모님께 드린 돈이 있는데, 상속세를 줄일 수 있나요?

역설적으로 부모님께 용돈을 드리는 효도는 상속세금을 증가시킵니다. 즉, 부모님께 드린 돈은 추후 상속이 개시되는 경우 상속재산에 포함되어 상속세금 계산 시 포함됩니다.

대한민국의 많은 자녀들이 성장해서 직업을 가지고 생활하는 경우, 부모님께 정기적이거나 비정기적으로 생활비를 드리거나 병원비를 결제하는 경우가 많이 있습니다.

부모님이 입원하셨을 때 부모님이 아프신 상황에서 "상속세 부담을 줄이기 위해 부모님 돈으로 병원비 결제하세요"라고 말하기는 쉽지 않습니다.

이렇게 수년간 부모님에게 현금의 흐름이 발생하는 상황에서 갑자기 상속이 개시(사망)되면 내가 드렸지만 쓰지 않고 남아 있는 현금은 다시 나한테 돌아오면서 상속세금을 내야 하는 상황이 발생합니다.

불합리하다고 판단되지만, 상속세법상 해당 부분에 대해 예외로 간주하는 규정이 없습니다. 즉, 효도 차원에 드린 용돈이 결국 부모님의 상속재산에 포함되는 결과가 됩니다. 실제 상속 상담을 진행하다 보면 많은 분들이 후회하시는 부분입니다.

"세무사님, 만약에 병원비 대신 냈던 것이 별도 상속세 신고할 때 공제되는 게 아니었다면, 그냥 부모님 돈으로 병원비를 낼 걸 그랬어요"라는 이야기를 자주 듣습니다.

만약 부모님께 돈을 드릴 때 차용의 관점에서 드리면 추후 상속세금 계산 시 해당 금액은 상속재산에서 제외될 수 있습니다. 다만 증빙을 갖춰서 준비해야 합니다. 만약 증빙이 없다면 국세청은 해당 부분을 피상속인의 상속재산이라고 판단해 상속세금을 부과하게 됩니다.

상속재산에서 특정 자산을 제외하려면 해당 자산이 부모의 채무였음을 입증하라고 요구하며, 이를 입증하기 위해 차용증 등 법적 근거가 있어야 합니다.

최근 실무적으로 부모와 자식 간의 차용증 작성 시 이자 지급 유무를 상당히 중요하게 보고 있습니다. 원칙적으로 4.6%의 이자율로 이자를 계산해서 주고받으면 채무로 인정받기 수월해집니다.

즉, 철저하게 준비하기 위해서는 사전에 차용증 작성, 이체 내역, 이자를 지급한 증빙 등의 준비가 필요합니다.

- 부모에게 준 돈은 상속재산에 포함
- 차용증·이자 지급 등으로 채무 입증 시 제외 가능
- 이자율 4.6% 적용 시 인정 쉬움.

채무

채무도 공제되나요?

상속이 발생하는 경우 재산만 상속받는 것이 아니라 채무도 상속을 받습니다. 따라서 상속개시일 현재 피상속인이 부담해야 할 확정된 채무는 상속재산에서 차감합니다.

채무의 종류에는 금융채무, 개인 간 채무, 임대보증금, 상속개시일 현재 지급하지 않은 피상속인의 카드대금·병원비 등이 있습니다.

모든 채무를 그냥 인정해주는 것이 아니기 때문에 채무 종류에 따라 입증할 수 있는 근거 자료가 필요합니다.

채무를 입증하기 위해서는 우선 국가·지방자치단체 또는 금융회사 등에 대한 채무임을 확인할 수 있는 서류가 필요합니다. 예를 들어, 부채증명원·채무확인서·금융거래확인서 등이 이에 해당합니다.

그 외의 채무에 대해서는 차용증, 채무부담계약서, 채권자확인서, 담보 설정 관련 서류, 이자 지급 증빙 등을 통해 그 사실을 확인할 수 있습니다.

또한, 피상속인이 개인사업을 운영하면서 직원을 고용하고 있었다면, 그 직원들에게 지급해야 할 퇴직금 역시 채무로 인정되어 상속재산에서 공제할 수 있습니다.

핵심요약

- 확정된 채무만 상속재산에서 공제
- 금융·개인채무, 임대보증금, 카드대금, 퇴직금 등이 포함
- 채무 인정에는 객관적 증빙 서류가 필요함.

055

체납
- 상속세 체납을 하면 어떻게 되나요?

　상속이 발생되는 경우, 상속인이 여러 명이거나 상속재산이 대부분 부동산인 경우, 실제 세금을 납부할 현금이 부족해 체납하는 경우가 종종 있습니다. 물론 부동산 등으로 상속세를 대신 내거나 10년간 나눠 내거나 상속받은 부동산 등을 담보로 대출받아 세금을 내기도 합니다.

　그러나 사정에 따라 내지 못하는 경우도 종종 있습니다. 이번에는 상속세를 체납하는 경우 발생하는 일에 대해서 말씀드리겠습니다.

　첫째, 상속세를 체납하게 되면 세무서에서 상속세의 납부를 독촉합니다. 납부 기한이 지나면 독촉장이 발송됩니다(가산세를 포함해 납부서를 재전달합니다.)

　둘째, 독촉장을 보내도 상속세를 납부하지 않는 경우 상속인이 보유하고 있는 재산을 압류합니다. 독촉에도 불구하고 납부하지 않으면 체납처분(압류)을 하게 됩니다.

셋째, 압류하고 나서 해당 자산을 매각하기 위해 공매 통지 및 공고를 합니다. 압류된 재산을 매각하기 위해 공매 통지를 하고 공매 공고를 합니다. 공매는 공고한 날부터 최소 10일이 지난 후에 합니다.

넷째, 공매 실시 및 매각을 합니다. 입찰을 통해 매각이 이루어집니다. 1회 유찰 시 재공매가 진행될 수 있으며, 이 경우 통상 1~2개월의 간격으로 공매가 반복됩니다.

다섯째, 대금 배분 및 청산을 합니다. 매각대금에서 체납된 세금 등을 우선 배분한 후, 남은 금액은 체납자에게 반환합니다.

간혹 상속세의 징수권 소멸시효를 노려, 장기간 체납 상태로 두어 상속세를 납부하지 않으려는 상속인들도 있습니다. 그러나 과세관청이 독촉이나 압류 등과 같은 징수권 행사를 하게 되면, 소멸시효는 중단됩니다. 따라서 징수의 소멸시효가 지나 납부 의무 자체가 소멸되는 경우는 극히 드뭅니다.

참고로, 국세징수권의 소멸시효는 체납액이 5억 원 미만인 경우 5년, 5억 원 이상인 경우 10년입니다.

- 상속세 체납 시 독촉 → 압류 → 공매 → 대금 배분 절차가 진행
- 납부하지 않으면 세무서가 공매를 통해 체납세금 충당
- 징수권 소멸시효(5~10년)는 독촉·압류로 중단되므로 체납 회피 어려움.

056

추정상속재산
- 추정상속재산이란 무엇인가요?

　추정상속재산이란, 말 그대로 국세청이 상속재산으로 '추정'하는 재산을 의미합니다. 즉, 국세청은 일정한 기준을 정해 그 기준에 해당하는 자산을 상속재산에 포함시키며, 이에 대한 입증 책임은 납세자 측에 있습니다.

　납세자가 사용처를 명확히 입증한 금액은 상속재산에서 제외되지만, 입증하지 못한 금액은 상속재산에 포함되어 상속세를 납부해야 합니다.

　기본적으로, 상속개시일(사망일) 전 1년 이내에 특정 재산을 처분하거나 현금을 인출한 금액이 2억 원을 초과하는 경우, 또는 상속개시일 전 2년 이내에 이러한 금액이 5억 원을 초과하는 경우, 해당 처분 또는 인출 금액의 약 80% 이상에 대한 사용처를 입증해야 합니다.

　만약 80%를 입증하지 못한다면, 미입증 금액은 상속재산으로 추정되어 상속세 과세 대상이 됩니다. 따라서 상속개시일 전 2년 동안에는 사용처가 불분명한 현금인출이나 재산 처분을 지양하는 것이 바람직합니다.

또한, 상속개시 전에 부동산을 매매한 경우에는 실제로 금액을 수령한 시점을 기준으로 판단합니다. 즉, 매매계약을 상속개시일 2년 이전에 체결했더라도 계약금은 2년 이전에, 중도금이나 잔금은 2년 이내에 수령했다면, 이때의 중도금과 잔금은 '2년 내 실제 영수한 금액'으로 보아 소명 대상에 포함됩니다.

핵심요약

- 사망 전 1~2년 내 고액 처분·인출 시 사용처 입증 필요
- 80% 미입증 시 상속재산에 포함
- 부동산 처분 시 수령 시점 기준 적용

057
평가
- 상속재산은 어떻게 평가되나요?

　상속세를 계산하기 위해서는 상속받은 재산의 상속개시일기준 금액을 평가해 실제 세금을 산출하는 과정이 필요합니다.

상속재산의 평가 방법은?

　상속재산의 평가는 상속개시일(사망일 또는 실종선고일) 현재의 시가로 평가합니다. 다만, 시가를 산정하기 어려운 경우에는 당해 재산의 종류·규모·거래 상황 등을 감안해 규정된 방법에 따라 평가한 가액을 시가로 봅니다. 즉, 실제 거래되는 시가가 우선되지만, 상황에 따라 실제 거래되는 시가를 금액으로 측정하기 어려운 경우, 이를 대체하는 것입니다.

상속재산의 시가란?

　상속재산의 시가란, 불특정 다수인 사이에 자유롭게 거래가 이루어지는 경우, 통상적으로 인정되는 가액을 말합니다. 즉, 모르는 사람 사이에 거래되는 일반가액을 이야기합니다.

일반적으로 부동산의 실제 거래가 없는 경우에는, 상속개시일 전 및 상속개시일 후 6개월 이내의 기간 중 매매·감정·수용·경매 또는 공매가 있는 때는 해당 가액을 포함합니다. 즉, 시가가 없는 경우 이와 같은 대체적인 방법으로 시가를 산정하게 됩니다.

시가의 인정 범위

① 당해 재산에 대해 매매 사실이 있는 경우, 그 거래가액. 다만, 특수 관계자와의 거래 등 그 거래가액이 객관적으로 부당하다고 인정되는 경우 등에는 제외됨.

② 당해 재산(주식 및 출자지분은 제외함)에 대해 둘 이상의 공신력 있는 감정기관이 평가한 감정가액이 있는 경우, 그 감정가액의 평균액. 단, 해당 재산이 기준시가 10억 원 이하인 경우에는 하나 이상의 감정기관의 감정가액도 가능함.

③ 당해 재산에 대해 수용·경매 또는 공매 사실이 있는 경우 그 보상가액·경매가액 또는 공매가액. 다만, 물납한 재산을 증여자·수증자 또는 그와 특수관계 있는 자가 경매 또는 공매받은 경우 등에는 그 경매가액 또는 공매가액은 시가로 보지 않음.

④ 상속개시일 전 6개월부터 평가 기간 내 상속세 신고일까지의 기간 중에 상속재산과 면적·위치·용도·종목 및 기준시가가 동일하거나 유사한 다른 재산에 대한 매매가액·감정가액의 평균액 등이 있는 경우, 당해 가액.

⑤ 평가 기간에 해당하지 않는 기간으로서 상속개시일 전 2년 이내의 기간과 평가 기간이 경과한 후부터 상속세 법정신고 기한 후 9개월까지의 기간 중에 상속재산과 면적·위치·용도·종목 및 기준시가가 동일하거나 유사한 다른 재산에 대한 매매가액 ·감정가액

등이 있는 경우로서 납세자, 세무서장 등이 재산 평가심의위원회
에 해당 매매 등의 가액에 대한 시가 심의를 신청하고 위원회에서
시가로 인정한 경우, 당해 가액.

- 상속재산은 상속개시일 기준 시가 평가
- 시가 산정 곤란 시 보충적 평가 방법 사용
- 기본적인 시가란 불특정 다수 간 거래가액을 말함.

058
해외 거주
- 상속인 중에 해외에 거주하고 있는 사람이 있는데, 어떻게 해야 하나요?

해외에 거주하는 상속인이 국내에 있는 상속재산을 상속받는 경우, 국내법에 따라 일반적인 상속 절차와 동일하게 진행합니다. 다만, 해외에 있다 보니 국내에 들어오는 게 쉽지 않기 때문에 가족이나 대리인에게 권한을 위임해야 합니다.

그리고 상속세 신고와 등기를 진행하기 위해서는 다음과 같은 서류가 필요하고, 현지에서 공증과 아포스티유(Apostille, 한국 공문서임을 증명) 인증을 받아야 합니다.

- 여권 사본
- 위임장
- 거주사실확인서(현재 거주하는 장소를 확인하는 문서)
- 서명확인서(위임장의 서명이 본인임을 확인하는 문서)
- 동일인증명서

059
해외재산
- 해외재산도 상속세 과세 대상인가요?

해외재산이 상속재산에 포함되는지에 대한 문의가 자주 있습니다.

이 경우에는 먼저 피상속인(사망자)이 '거주자'인지, '비거주자'인지에 따라 과세 대상이 달라집니다.

피상속인이 거주자였다면, 상속개시일(사망일) 현재 국내외를 불문하고 피상속인이 소유한 모든 재산이 상속세 과세 대상에 포함됩니다.

반면 피상속인이 비거주자라면, 상속개시일 현재 국내에 있는 재산만이 과세 대상에 포함되며, 해외재산은 과세 대상에서 제외됩니다.

'거주자'와 '비거주자'의 구분은 기본적으로 국내에 주소를 두었거나, 183일 이상 국내에 거소를 둔 사람을 '거주자'로 봅니다.

국세청은 실무적으로 피상속인의 출입국 기록, 해외로의 자금 반출 내역, 해외 자산 취득 사실 등을 통해 해외재산 보유 여부를 확인하며,

필요시 관련 기관에 공식 확인 요청을 하기도 합니다.

 대표적인 해외 자산에는 해외 부동산, 해외 주식, 해외 은행 예금 및 외화 자산 등이 포함됩니다.

- 거주자: 국내외 모든 재산이 상속세 과세 대상
- 비거주자: 국내 재산만 과세 대상

060
협의 분할
- 상속재산의 분할은 어떻게 하나요?

　상속재산 분할은 공동상속인들이 상속받은 재산을 나누는 것이며, 몇 가지 요건이 있습니다. 상속이 개시되고, 공동상속인이 있어야 하며, 상속재산 분할 금지가 없어야 합니다.

상속재산 분할 금지

① 피상속인은 유언으로 상속재산의 전부나 일부, 또는 상속인의 전원이나 일부에 대해 분할을 금지할 수 있습니다.

② 공동상속인은 5년 내의 기간으로 분할하지 않을 것을 약정할 수 있습니다.

　상속재산의 협의 분할이란, 피상속인의 분할 금지의 유언이 없는 경우, 공동상속인이 협의로 분할하는 것을 말합니다. 상속재산이 확정되면 목록을 작성해 공동상속인 전원이 참석해서 협의를 통해 재산을 분할하면 됩니다. 협의 분할은 당사자 전원의 합의가 있으면 되고, 특별한

방식은 없지만, 일반적으로 상속재산 분할협의서를 작성해 각자 인감
도장을 날인해 보관합니다.

공동상속인 사이에 협의가 이루어지지 않고, 다툼이 있는 경우에는
가정법원에 상속재산 분할 청구를 할 수 있습니다. 법원에서는 종합적
으로 검토해 상속재산의 분할을 결정합니다.

- 상속재산은 공동상속인 합의로 협의 분할이 가능
- 피상속인의 유언으로 분할 금지되거나 상속인 간 약정 시 일정 기간
  분할이 불가
- 협의가 안 되면 가정법원에 분할 청구를 통해 판결받을 수 있음.

TAX

CHAPTER 02

증여세

061
증여세
- 증여세는 무엇인가요?

증여란, 한쪽 당사자(증여자)가 대가 없이 자신의 재산을 상대방(수증자)에게 주겠다는 의사를 표시하고, 상대방이 이를 승낙함으로써 성립하게 되는 계약입니다.

증여세는 이처럼 타인으로부터 무상으로 재산을 증여받음으로써 수증자가 부담하는 세금입니다.

증여의 범위는 매우 다양하기 때문에, 법률상에 포괄적으로 규정(완전포괄주의)해 나의 경제적 실질이 증여라고 판단되면, 일일이 과세 요건을 법률에 규정하지 않더라도, 적기에 납부하는 세금을 증여세라고 부릅니다.

예를 들면, 내가 부모님으로부터 금전이나 부동산 등을 대가 없이 공짜로 받았을 경우에 내는 세금이라고 생각하면 쉽게 이해할 수 있습니다.

이렇듯 증여세는 알기 쉬운 세금이지만, 어떠한 경우라도 적용될 수 있다는 점에 유의해야 합니다.

🏠 핵 심 요 약

• 증여세란 타인으로부터 무상으로 재산(현금·부동산 등)을 받은 자가 내는 세금

대상
- 증여세는 누가 내나요?

재산을 주는 사람을 '증여자', 받는 사람은 '수증자'라고 부릅니다. 증여세는 수증자, 즉 증여받은 사람이 내는 세금입니다.

수증자는 거주자, 비거주자 여부에 따라 구분될 수 있습니다.

거주자는 국내재산 및 국외재산의 모든 증여재산에 대해 납부할 의무가 있고, 비거주자의 경우 국내에 있는 모든 증여재산에 대해 납부할 의무가 있습니다.

외국인의 경우

일단 비거주자와 외국인의 개념을 혼동하면 안 됩니다.

우리 세법에서는 내국인과 외국인으로 그 기준을 나누고 있는 것이 아니라 전술한 거주자와 비거주자로 기준을 나눠 세법을 적용하고 있습니다.

국내에 주소를 두거나 183일 이상 거소를 둔 개인을 거주자라고 하며, 거주자가 아닌 자를 비거주자라고 정의합니다.

결론적으로 거주자는 국내와 국외의 모든 증여재산에 대해, 비거주자는 국내에 있는 모든 증여재산에 대해 증여세를 납부합니다.

- 증여세는 증여받는 사람(수증자)이 부담하며, 거주자는 모든 재산, 비거주자는 국내 재산에 대해서만 과세됨.

063

시기
- 증여세는 언제까지 내나요?

증여세는 증여일이 속하는 달의 말일부터 3개월 이내에 신고·납부해야 합니다. 예를 들어 증여일이 2025년 10월인 경우, 신고·납부 기한은 2026년 1월 31일까지입니다. 만약 2026년 1월 31일이 공휴일인 경우, 그다음 날까지 신고·납부 기간입니다.

증여세 신고·납부 기한까지 미신고한 경우, 무신고 가산세(일반 무신고 20%, 부정한 무신고 40%) 및 납부 지연 가산세(연 8% 수준)가 부과됩니다.

반대로 기한 내 신고 시 증여세 산출세액의 3% 신고세액공제 혜택이 주어집니다.

이러한 내용에 대해 증여세를 1억 원으로 가정해서 간단한 예를 들어보겠습니다.

① 신고·납부 기한까지 미신고한 경우(일반적인 무신고)

증여세 1억 원 + 가산세 2,000만 원(증여세 1억 원의 20%)

= 1억 2,000만 원 증여세

② 신고·납부 기한까지 신고한 경우

증여세 1억 원-신고세액공제 300만 원 = 9,700만 원 증여세

즉, 신고 기한 내에 신고하는 것이 본래 내야 할 증여세보다 절세할 수 있는 지름길입니다.

- 증여일이 속하는 달의 말일부터 3개월 내 신고·납부
- 기한 내 신고 시 3% 공제(성실신고 장려 목적)
- 미신고 시 가산세 부과

064
생활비, 축의금
- 생활비, 축의금도 증여세를 내나요?

많은 분들이 증여세는 '부(富)의 무상 이전'이라는 개념 때문에 생활비나 축의금도 증여세의 대상이 될 수 있다고 생각할 수 있습니다.

그러나 '법 위에 상식'이라는 말이 있듯이, 세법도 마찬가지로 사회 통념상 타당하다고 인정되는 범위에는 야속하지 않습니다.

생활비에는 피부양자의 생활비라는 전제조건이 있습니다. 즉, 피부양자가 아닌 관계가 없는 누군가에게 지원하는 생활비는 증여 대상이 될 수 있으나 피부양자의 생활비라는 명목이 분명한 경우에는 증여세를 과세하지 않습니다.

축의금 역시 생활비와 마찬가지로 사회 통념상 타당하다고 인정되는 정도의 금액은 증여세를 과세하지 않습니다.

　여기서 과연 사회 통념상이라는 타당한 범위가 어디까지인가 모호하다는 점이 있을 수 있습니다. 세법은 사회 통념상 타당한 범위는 증여받는 자가 아닌, 지급한 자를 기준으로 하고 있습니다. 따라서 축의금이나 생활비를 내는 사람이 충분한 경제적 능력이 있다면 다소 금액이 많더라도 비과세로 보고 있습니다.

　예를 들어, 축의금으로 결혼식 비용을 충당한다거나, 매월 생활비 명목으로 부부간에 주고받는 금액은 일반적으로 사회 통념상 타당한 범위이며 사회적 관습에 해당하므로 증여세를 부담하지 않습니다.

- 피부양자의 생활비·사회 통념상 인정되는 축의금은 비과세
- 단, 과다하거나 관계없는 자에게 지급 시 과세 가능

065
분할 납부, 연부 연납
- 증여세를 나눠서 낼 수 있나요?

증여에 대한 세금은 그 규모가 상당히 큰 경우가 많습니다.

특히 부동산 등 고액 자산을 증여할 때는 세금 부담이 커져 난감한 상황에 처하는 경우가 종종 있습니다.

이럴 때 활용할 수 있는 방법이 바로 증여세 분할 납부와 연부 연납 제도입니다. 이는 원래 한 번에 납부해야 할 증여세를 여러 차례로 나누어 납부할 수 있도록 한 제도입니다.

다만, 이러한 납부 혜택을 이용하기 위해서는 일정한 요건과 제한 조건을 충족해야 한다는 점을 유의해야 합니다.

분할 납부

납부해야 할 세액이 1,000만 원 초과 시 2개월 이내에 2회로 나눠서 납부하는 것을 '분할 납부'라고 합니다. 납부해야 할 세액이 2,000만 원 이하의 경우, 1,000만 원 초과분의 금액을 분납할 수 있고, 세액이 2,000만 원을 초과한 경우 전체 세액의 최대 50%까지 분납할 수 있습니다. 분할 납부는 별도의 신청 및 과세관청의 허가 없이 증여세를 신고할 때 신고서에 분할 납부 기재만 하면 됩니다.

연부 연납

납부해야 할 세액이 2,000만 원 초과 시 최대 5년(가업 승계는 15년) 동안 나눠서 납부하는 것을 '연부 연납'이라고 합니다. 예를 들면, 당초 납부 기한까지 증여세의 1/6을 납부하고, 나머지 5/6는 5년간 나눠서 납부한다는 뜻입니다.

분할 납부와의 차이점은 5년간 나눠서 내는 혜택을 주는 대신 남은 납부금액에 연 이자(대략 3.1%)가 붙고 납세담보를 제공해야 하며, 과세관청의 연부 연납 허가를 받아야 합니다.

분할 납부와 연부 연납의 예는 다음과 같습니다.

① 분할 납부
증여세액이 2,500만 원이라고 가정하는 경우, 당초 신고·납부 기한까지 1,250만 원을 내고 2개월 안에 나머지 1,250만 원을 납부합니다.

② 연부 연납
증여세가 6억 원이라고 가정하면, 납부금액은 다음과 같습니다.

구분	납부금액
신고기한까지	1억원(증여세 6억 원의 1/6)
1년 차	1억 원 + 이자
2년 차	1억 원 + 이자
3년 차	1억 원 + 이자
4년 차	1억 원 + 이자
5년 차	1억 원 + 이자

연부연납 예시

이렇듯 고액 증여세에 대해 세법에서는 부담 완화 및 자산 유동성 유지라는 혜택도 주지만, 그에 맞는 제약도 있기에 일시 납부가 유리한지, 분할 납부 또는 연부 연납이 유리한지는 본인의 상황에 맞게 판단해야 합니다.

- 납세자의 부담을 덜어주기 위해 분할 납부, 연부 연납, 즉 나눠서 납부가 가능
- 분할 납부는 이자가 없으나 연부 연납은 이자가 있음.

066
공제
- 증여세도 공제가 있나요?

증여세는 과세표준에서 일정한 금액을 공제할 수 있으며, 누구에게 증여받았는지에 따라 공제되는 금액이 다릅니다.

증여공제는 10년간 합산해서 적용되고, 공제받은 때로부터 10년이 지나면 새로 생기게 됩니다. 예를 들어, 2025년 12월 31일 아버지로부터 5,000만 원을 증여받아서 공제를 받았다면, 10년이 지난 2036년 1월 1일에 새로운 공제 5,000만 원이 생겨서 공제받을 수 있습니다.

다음은 증여그룹별로 공제되는 금액입니다.

① 배우자로부터 증여를 받는 경우 : 6억 원 공제

② 직계존비속으로부터 증여를 받는 경우 : 5,000만 원 공제

③ 미성년자가 직계존속으로부터 증여를 받는 경우 : 2,000만 원 공제

④ 직계존비속 외에 6촌 이내의 혈족, 4촌 이내의 인척으로부터 증여

를 받는 경우 : 1,000만 원

⑤ 거주자의 혼인신고일 전, 후 각각 2년 이내에 직계존속으로부터
증여를 받는 경우, 또는 거주자 자녀의 출생일부터 2년 이내에 증
여를 받는 경우 : 1억 원 공제

⑥ 앞의 ②와 ⑤는 부모로부터 받는 경우 중복공제가 가능합니다.
예를 들어, 거주자가 혼인 또는 출산을 하고 1억 5,000만 원을 직
계존속에게 증여를 받는 경우 전액 공제됩니다.

가장 질의가 많은 증여세공제의 예를 들면 다음과 같습니다.

① 아버지와 내가(자녀) 서로 증여한 경우
이 경우, 아버지에게 증여를 받았을 때 5,000만 원 증여공제를 받고,
반대로 아버지도 자녀에게 증여를 받을 때 5,000만 원 증여공제
를 받습니다.

② 어머니와 아버지에게 각각 5,000만 원씩 증여받았을 경우
직계존속그룹으로부터 받았기 때문에 공제가 각각 적용되지 않고,
합산해 5,000만 원을 공제받습니다.

③ 아버지와 할아버지에게 각각 5,000만 원씩 증여받았을 경우
직계존속그룹으로부터 받았기 때문에 공제가 각각 적용되지 않고,
합산해 5,000만 원을 공제받습니다. 부모와 조부모 모두 직계존속
그룹으로 묶이기 때문에 5,000만 원만 공제받는 것입니다.

- 배우자, 직계존비속, 6촌 이내의 혈족, 4촌 이내의 인척에 따라 공제 금액이 다름.
- 직계존비속 공제와 혼인, 출산 공제는 중복공제 가능
- 증여공제는 10년간 합산해서 적용, 10년마다 새로 발생

067
대납
- 증여세를 대신 내줄 수 있나요?

    재산가액이 큰 금액의 자산을 증여하면서 미성년자이거나 경제적으로 여유롭지 못한 경우에는 증여세를 대신 납부해주는 방법을 고민하는 경우가 있습니다.

    결론부터 말씀드리면 증여세를 대신 납부할 수 있지만, 다음과 같은 복잡한 성격을 띠게 됩니다.

    증여세는 원칙적으로 증여를 받은 자(수증자)가 증여세를 납부해야 하므로 해당 증여세를 수증자가 아닌 다른 자가 대신 납부하게 되면, 그 대납분을 재차 증여한 것으로 보아 증여세를 추가로 납부해야 합니다.

    아버지로부터 1억 원을 현금 증여받았을 경우, 일반적인 증여와 대납을 예를 들면 다음과 같습니다.

항목	일반적인 현금 증여	증여세 대납 시
(+) 증여재산가액	1억 원	1억 원
(+) 증여세 대납액		대납액(y)
(−) 증여공제	5,000만 원	5,000만 원
(=) 과세표준	5,000만 원	5,000만 원 + 대납액(y)
(×) 세율	10%	10%
(=) 산출세액	500만 원	대납액(y)

일반적인 현금 증여와 증여세 대납

대납액(y)은 중학교 시절 배운 1차 방정식을 이용하면 됩니다.

$$\{(1억\ 원 + y) - 5,000만\ 원\} \times 10\% = y$$
$$즉\ y = 5,555,555.5원$$

즉, 대납액과 증여세 산출세액이 동일한 금액이 나오게 하려면 1억 550만 5,550원을 증여재산가액으로 신고하면 됩니다.

- 증여세를 낼 여력이 없는 미성년자 등을 위해 증여자의 증여세 대납 가능
- 단, 대납만큼의 증여세에 대해 추가 증여세가 과세

068

세율
- 증여세 세율은 어떻게 되나요?

증여세 세율은 과세표준에 최저 10%부터 최고 50%까지의 5단계 초과 누진세율 구조에 따라 적용되며, 2025년 기준으로 다음과 같습니다.

과세표준	세율	누진공제
1억 원 이하	10%	
1억 원 초과 ~ 5억 원 이하	20%	1,000만 원
5억 원 초과 ~ 10억 원 이하	30%	6,000만 원
10억 원 초과 ~ 30억 원 이하	40%	1억 6,000만 원
30억 원 초과	50%	4억 6,000만 원

과세표준에 따른 증여세 세율 및 누진공제

누진공제

많은 분들이 누진공제에 대해 생소하게 느낄 것입니다.

예를 하나 들면 다음과 같습니다.

과세표준이 20억 원인 경우,

산출세액은 20억 원 × 40% - 1.6억 원 = 6.4억 원입니다.

실효세율

실효세율이란, 납세자가 실제로 부담하는 세금의 비율을 의미하며, 누진공제를 적용하는 증여세의 경우, 실효세율이 법률상 세율보다 낮습니다.

앞서 누진공제의 예를 활용하자면, 20억 원의 40%인 8억 원이 아닌, 누진공제 금액 1.6억 원을 차감해 6.4억 원이므로 실효세율은 6.4억 원/20억 원으로 계산해 32%이므로, 법률상 40%의 세율보다 낮다는 것을 알 수 있습니다.

즉, 실제 부담하는 체감세율과 법정세율은 다르므로 누진공제의 의미를 항상 기억하기를 바랍니다.

> 🏠 **핵 심 요 약**
>
> • 최저 10%에서 최고 50%의 누진세율
> • 실효세율은 누진공제 적용으로 체감세율보다 낮아짐.

069
반환
- 증여받은 것을 다시 돌려줄 수 있나요?

증여받은 재산을 피치 못할 사정 및 기타 여러 가지 사유로 반환을 생각할 수 있습니다. 그렇다면 증여받은 재산을 다시 반환하면 증여세 신고 납부 대상이 될 수 있을까요?

증여받은 재산을 증여세 과세표준 신고 기한(증여일이 속하는 달의 말일부터 3개월) 이내에 반환하는 경우는 처음부터 증여가 없었던 것으로 봅니다.

그러나 신고 기한이 지난 후에 반환하는 경우에는 반환 시기 및 증여 대상의 성격에 따라 증여세가 부과될 수 있습니다.

1) 금전 증여 반환 시
금전 증여의 경우, 시기와 관계없이 당초 증여분과 반환분에 대해 모두 증여세가 과세됩니다.

2) 부동산, 비금전 재산 증여 반환 시

신고 기한 경과 후 3개월 이내 반환 시 당초 증여는 과세되지만 반환하는 경우, 증여세가 과세되지 않습니다.

하지만 신고 기한 경과 후 3개월이 지난 경우, 당초 증여 및 반환 모두 증여세가 과세됩니다.

즉, 피치 못할 사정으로 증여재산을 반환하려는 경우에 대비해 금전 반환 시 대출임을 입증하기 위해 차용증, 이자 지급 내역 등을 준비하고 비금전, 부동산의 경우, 증여세 신고 기한 내 반환을 권장합니다.

이러한 증여 반환에 관한 내용을 표로 정리하면 다음과 같습니다.

대상 자산	반환 시기	증여세 과세 여부	
		당초 증여	반환
금전	시기와 관계없음.	증여세 과세	증여세 과세
금전 외 자산	1. 증여세 신고 기한까지	증여세 과세 X	증여세 과세 X
	2. 증여세 신고 기한으로부터 3개월 이내	증여세 과세	증여세 과세 X
	3. 증여세 신고 기한으로부터 3개월 경과 후	증여세 과세	증여세 과세
	4. 증여재산 반환 전 증여세 결정	증여세 과세	증여세 과세

증여 대상에 따른 반환 시기 및 과세 여부

핵심요약

- 금전은 반환해도 과세
- 부동산 등은 기한 내 반환 시 과세 면제되므로 반환 시점이 중요

070

취소
- 증여를 취소할 수도 있나요?

상당한 재산을 자녀에게 증여했음에도 불구하고, 자식들과의 관계가 악화되거나 자식의 망은행위(忘恩行爲, 부양 의무를 하지 않고 불량한 태도를 보이는 것) 등으로 증여를 후회하며, 증여한 재산을 회수하고 싶어 하는 부모님들이 많이 계실 것입니다.

마음 같아서는 증여계약을 취소하고 싶겠지만, 안타깝게도 증여계약 해제, 즉 증여 취소는 언제든지 가능한 것이 아니며, 민법에 따라 법률상 규정된 다음의 해제조건이 충족되어야만 가능합니다.

비서면 증여에 따른 해제

증여 의사가 서면으로 표시되지 않은 경우, 당사자는 이를 해제할 수 있습니다. 이와 같은 취지는 증여자가 경솔하게 증여하는 것을 방지함과 동시에 증여자의 의사를 명확하게 해서 분쟁을 피하려고 하는 데 있습니다.

망은행위로 인한 해제

수증자가 증여자 또는 그 배우자, 직계혈족에 대한 범죄행위를 한 경우, 이와 같은 해제 원인이 있음을 안 날로부터 6개월 내 증여계약을 해제할 수 있습니다.

증여자의 재산 상태 악화로 인한 해제

증여 후 증여자의 재산 상태가 증여 당시 예측할 수 없을 만큼 현저히 악화되어 생계에 중대한 영향을 미칠 경우, 증여계약을 해제할 수 있습니다.

다만 소유권이전등기를 마친 경우라면 증여 해제를 하더라도 소유권을 되돌릴 수는 없습니다. 증여를 하는 경우, 증여세뿐만 아니라 부동산 등 등기를 필요로 하는 재산을 증여하는 경우에는 취득세 등의 재산세 관련 세금이 발생합니다.

증여를 취소해도 취득세와 증여세는 각각 과세 기준과 환급 조건이 다르므로, 단순히 돌려받는다고 세금이 모두 면제되지는 않습니다.

취득세는 등기·등록하는 경우에는 당초 납부한 취득세 환급은 불가능합니다. 다만 등기하지 않는 경우로서, 취득일(증여계약일)로부터 3개월 이내에 계약해제 사실이 입증되는 경우에는 취득세가 과세되지 않습니다.

- 비서면 증여, 수증자 범죄행위, 증여자 재산 악화 등으로 해제 가능. 단, 세금 환급은 별개
- 증여 시 취득세도 발생. 계약 해제 시 증여세·취득세 환급 조건이 서로 다르므로 주의 필요

071
순서
- 어떤 재산을 먼저 증여하는 것이 유리한가요?

자식에게 부동산 현금 등 재산을 증여할 계획이 있는 부모님들은 어떤 재산을 먼저 중여해야 증여세를 절세할 수 있을지 고민이 많을 것입니다.

증여 순서의 유불리를 따질 때는 크게 시기와 순서를 나눠서 살펴볼 필요가 있습니다.

시기

증여세는 10년 이내 동일인으로부터 증여받은 재산이 합산되므로 10년 단위로 나눠서 미리미리 증여하면 적용되는 세율을 낮출 수 있습니다.

순서

자산 가치가 미래에 상승할지, 하락할지는 아무도 알 수 없으나 대체로 부동산의 경우 금전에 비해 가치 상승의 가능성이 현저하므로 일반적으로 부동산을 먼저 증여하는 것이 상대적으로 절세의 지름길입니다.

또한 임대료 수입이 들어오는 상가 같은 수익형 부동산의 경우 최우선으로 증여를 고려해볼 수 있습니다. 증여받은 자녀는 임대료 수입이 생기게 되고, 자녀가 추후 부동산을 취득하거나 다른 재산을 취득하게 되는 경우 자금 출처로 요긴하게 쓰일 수 있기 때문입니다.

기타자산(주식 등)

최근에는 미국 등의 해외 주식을 사서 자녀에게 미리 증여해주는 부모들도 늘고 있는 추세입니다.

미래는 예측할 수 없지만, 지금의 낮은 가격에 취득한 주식이 10년, 20년 후에 자녀가 성인이 되었을 때 몇십 배, 몇백 배 이상 가치가 상승할 가능성이 있기 때문입니다.

- 일반적으로 변동성이 없는 현금보다 자산 가치가 상승할 것으로 예측되는 부동산 등의 선증여가 유리

072

대여와 증여
- 가족 간 금전 대여 거래를 증여로 볼 수 있나요?

대부분의 사람들은 '대여'와 '증여'는 전혀 다른 개념이라고 생각합니다. 그러나 실제로는 이 두 개념이 매우 밀접하게 연결되어 있으며, 가족 등 특수관계의 경우 그 밀접도는 배가 된다고 할 수 있습니다.

대여와 증여 차이

대여는 돈을 빌려주고 이자를 받는 것으로, 은행 등 일반 거래와 동일하게 취급됩니다.

증여는 상대방에게 재산을 무상으로 주는 행위로, 대여와는 달리 이자의 수취 행위가 존재하지 않습니다.

가족 간 금전 대여를 증여로 보는 경우

가족 간 금전 대여의 경우 대부분은 '가족인데 가족끼리 무슨 이자야?'라는 생각으로 이자를 수취하지 않습니다. 하지만 위에서 언급했듯이 가족 간의 대여와 증여는 매우 밀접한 관계에 있습니다.

통상적인 이자(4.6%)를 수취하지 않는 경우, 그만큼 수증자에게는 이 자금액만큼 부의 무상 이전으로 보아 증여로 간주되어 증여세가 부과될 수 있습니다. 다만 1년 기준으로 무상으로 이득 본 이자금액이 1,000만 원 이상인 경우에 증여로 보아 증여세를 부담하게 됩니다.

증여로 보지 않는 대여 방법

가족 간에 단순히 빌려준다는 의사만으로는 대여로 인정받기 어렵기에 금전 대여의 경우 차용증 등 증빙을 작성하고, 실제 통상적인 이자를 지급한다면 증여의 위험에서 벗어날 수 있습니다.

- 일반적으로 특수관계인의 대여는 증여로 보는 경향이 크기에 대여를 인정받을 수 있는 차용증, 이자 지급 등의 증빙이 필요

073
부담부증여
- 부담부증여가 무엇인가요?

'부담부증여'는 한 번쯤 들어보셨을 것입니다. 증여 같기는 한데, 부담이라는 말도 있으니 아리송하지요. 과연 부담부증여의 정확한 의미는 무엇이며, 어떨 때 적용하는 것일까요?

부담부증여

부담부증여란, 증여자가 재산을 무상으로 이전하면서 해당 재산에 전세보증금이나 대출 등 담보된 채무가 있는 경우, 수증자가 이를 승계하는 조건의 증여입니다.

자산 일부를 무상으로, 채무 부분은 유상으로 넘기는 형태로, 부담부증여는 증여(무상)와 양도(유상)의 성격이 혼합되어 있어 증여세와 양도소득세가 동시에 발생할 수 있습니다.

어떤 경우에 적용할까?

부담부증여는 적절히 활용하면 절세 수단이 될 수 있지만, 조건에 따라 오히려 세금이 늘어날 수도 있는 양날의 검입니다. 부담부증여는 수증자가 부담하는 증여세와 증여자가 부담하는 양도소득세의 혼합 구조입니다. 즉, 증여세와 양도소득세, 양쪽의 세금구조와 세율을 따져서 결정해야 합니다.

일반적으로 양도차익이 작은 부동산이나 비과세 주택의 경우, 양도세의 절감 효과가 크므로 부담부증여가 유리하다고 할 수 있습니다. 반대로 양도차익이 큰 부동산이나 조정대상지역의 다주택자 등의 중과세율이 적용되는 경우, 부담부증여가 오히려 추가적인 세금이 더 나올 경우가 많습니다.

결국 배보다 배꼽이 더 커지는 상황이 발생할 수 있으므로 무조건적으로 적용하기보다는 꼼꼼히 양쪽 세금을 비교해보고 부담부증여를 선택하는 것이 올바른 절세의 지름길입니다.

🏠핵심요약

- 부담부증여는 채무를 승계하는 조건의 증여로, 증여세와 양도세가 동시에 발생. 조건 및 상황에 따라 절세·추가 세금 부담이 달라짐.

074

합산과 배제
- 증여세 합산과 합산 배제는 무엇인가요?

증여세 합산

증여세는 초과누진세율 구조를 띠고 있어 단기간에 여러 번 쪼개서 증여하면 세 부담을 줄일 수 있습니다. 이에 따라 세법에서는 해당 증여일 전 10년 이내에 동일인으로부터 여러 번 증여받은 경우로 그 합계액이 1,000만 원 이상이면, 그 증여재산가액을 합산해 증여세를 산출하는 제도를 두고 있습니다.

또한, 증여자가 직계존속인 경우 직계존속과 그의 배우자는 동일인으로 보고 증여재산을 합산합니다.

증여세 합산에 대해 예를 하나 들어보겠습니다.

아버지로부터 2020년에 현금 2.5억 원을 증여받고, 2024년에 현금 2.5억 원을 추가로 증여받았다고 가정해보겠습니다.

| **2020년 2.5억 원 증여 시 증여세** |

구분	계산금액
증여가액	2.5억 원
공제금액	5,000만 원
과세표준	2억 원
세율	20%
누진공제	1,000만 원
증여세	3,000만 원

| **2024년 추가로 2.5억 원 증여 시 증여세** |

구분	계산금액
증여가액	2.5억 + 2.5억 = 5억 원
공제금액	5,000만 원
과세표준	4.5억 원
세율	20%
누진공제	1,000만 원
증여세	8,000만 원
기납부세액(2020년 납부세액)	3,000만 원
추가납부세액	5,000만 원

이 사례를 풀어서 말하자면, 10년 이내에 증여를 받았으므로 2020년 증여금액과 2024년 증여금액을 합쳐서 계산하되, 2020년 당시 납부한 증여세 3,000만 원은 차감해주는 구조입니다.

합산 배제 대상

모든 증여재산이 합산되는 것은 아니며, 다음과 같은 사유의 경우, 다른 증여재산가액과 합산하지 않고 10년간 누적 합산과세에도 제외할 수 있습니다. 그 이유는 증여자 및 그 원천을 구분하기 어렵기 때문입니다.

① 합병에 따른 상장 등 이익의 증여
② 전환사채 등의 주식 전환에 따른 이익의 증여
③ 특수관계법인과의 거래를 통한 이익의 증여 의제
④ 특수관계법인으로부터 제공받은 사업 기회로 발생한 이익의 증여 의제
⑤ 재산취득자금 등의 증여 추정, 재산취득 후 재산 가치 증가에 따른 이익의 증여
⑥ 주식 등의 상장 등에 따른 이익의 증여
⑦ 명의신탁재산의 증여 의제

위에 열거된 합산배제 대상이 아닌 경우, 10년 이내의 증여는 모두 합산되므로 증여를 계획할 때 10년 경과 단위로 계획한다면 증여세 절세를 할 수 있습니다.

합산배제는 특수한 경우에 해당하므로 일반적으로 증여하는 과세 물건(현금, 부동산, 주식 등)은 대부분 합산과세 대상이라고 생각하시면 됩니다.

핵심요약

• 10년 내 동일인에게 증여받은 금액은 합산해서 과세
• 여러 번 나눠 증여세를 회피하는 것을 방지하기 위한 제도
• 일부 특수한 경우 합산 제외 가능. 대부분의 증여는 합산 대상

075

가업승계
- 가업승계 증여 특례가 무엇인가요?

가업승계 증여 특례는 매우 강력한 절세 수단이 될 수 있지만, 요건과 사후 관리를 제대로 알지 못한다면 더 큰 세금 리스크를 가져올 수 있습니다.

가업승계 증여세 특례

자녀에게 회사를 물려주기 위해 주식 등의 자산을 생전 증여하게 되면 일반적으로 막대한 증여세가 발생합니다. 그러나 가업승계 증여 특례 제도를 활용하면 최대 600억 원까지의 증여 대상에 대해 10억 원 공제와 10%의 낮은 세율을 적용받을 수 있어 세금 부담을 크게 줄일 수 있습니다.

1) 증여자(대표자) 요건

① 만 60세 이상인 부모

② 증여일 현재 10년 이상 계속해서 해당 기업을 경영한 자

③ 본인과 특수관계인의 보유 주식 합계가 비상장 기업은 40% 이상, 상장기업은 20% 이상, 그리고 이를 10년 이상 보유

2) 수증자(자녀 등 후계자) 요건

① 만 18세 이상

② 증여세 신고 기한까지 가업에 종사 중일 것

③ 증여일로부터 3년 이내에 대표이사에 취임할 것

3) 가업(회사) 요건

① 법인사업자일 것

② 10년 이상 계속해서 경영한 기업

③ 상속세 및 증여세법상 특정 업종을 주된 사업으로 영위

④ 최근 10년 이내 조세 포탈, 허위 재무제표 공시, 부정행위 등으로 징역형 처벌을 받은 이력이 없을 것

4) 기업 규모별 요건

① 중소기업 요건

- 자산총액 5,000억 원 미만
- 조세특례제한법에 따른 중소기업의 기준 충족(매출액, 독립성 등)

② 중견기업 요건

- 직전 3개 사업연도 매출액 평균이 5,000억 원 미만

• 조세특례제한법에 따른 중견 기업 기준 충족

5) 사후 관리

① 증여일로부터 3년 이내 대표이사 취임 후 5년 이상 재직

② 최소 1년 이상 휴, 폐업 없이 가업을 유지하며 주업종도 변경하지 않아야 함.

③ 특례 적용 당시 수증자의 지분율이 줄어들지 않아야 함.

주의할 점

절세 효과가 큰 만큼 사전 요건뿐만 아니라 사후 관리 요건까지 충족해야 합니다. 위반 시 과세 이연 혜택 취소 및 증여세 세금 추징까지 이루어지므로 더더욱 꼼꼼히 살펴보고 진행하길 권고합니다.

• 최대 600억 원의 증여재산가액까지 10억 원 공제+10% 세율 적용
• 가업의 원활한 승계를 위한 혜택
• 요건·사후 관리 엄격

076
창업자금 증여
- 창업자금 증여세 특례란 것이 무엇인가요?

창업자금 증여세 특례는 가업승계 특례와 비슷하게 매우 큰 절세 효과를 가지고 있으므로 절세 수단으로 활용될 수 있지만, 요건과 사후 관리를 제대로 알지 못한다면 큰 리스크를 부담할 수 있습니다.

창업자금 증여세 과세 특례

창업자금 증여세 과세 특례란, 부모(또는 조부모)가 자녀에게 창업 자금을 증여할 경우, 일정 요건을 갖추면 일반 증여세보다 특례세율 및 공제 혜택을 받을 수 있는 제도입니다.

요건 및 사후 관리 등 주요 내용

구분	내용
적용 대상	만 18세 이상~만 49세 이하의 거주자 자녀(수증자)
용도 요건	증여받은 자금으로 3년 창업 또는 기존 중소기업의 주식 취득 후 대표이사 취임
공제 한도	최대 5억 원(창업자금)
세율	10% 단일세율
사후 관리	증여세 신고 후 7년간 사후 관리, 폐업 용도 외 사용 시 추징세액 가산
적용 배제	유흥업, 부동산업, 소비성 서비스업 등 일부 업종은 제외

주의할 점

절세 효과가 큰 만큼 사전 요건뿐만 아니라 사후 관리 요건까지 충족해야 합니다. 위반 시 과세 이연 혜택 취소 및 증여세 세금 추징까지 이루어지므로 더더욱 꼼꼼히 살펴보고 진행하길 권고합니다.

핵심요약

- 만 18~49세 자녀에게 창업자금 증여 시 5억 원 공제+10% 세율
- 원활한 창업을 위한 혜택
- 요건·사후 관리 엄격

077

증여 추정
- 증여 추정이 무엇인가요?

일반적으로, '증여'의 의미는 모두가 알고 있지만, '증여 추정'이라는 말은 다소 생소할 수 있습니다. 그렇다면 증여 추정의 뜻은 무엇이며, 어떤 경우에 적용되는지 알아보겠습니다.

증여 추정

추정이란, 사전적으로 '확실하지 않은 사실을 그 반대되는 증거가 제시될 때까지는 일단 증여로 보겠다'라는 뜻입니다. 즉, 증여 추정은 쉽게 말하면 증여세 '과세 대상인 것 같으니 아니라면 증거를 대보세요'와 같은 말입니다.

증여 추정의 사유는 일반적으로 다음과 같습니다.

① 재산취득자금의 증여 추정

　직업, 소득, 연령 및 재산 상태 등을 보았을 때 재산을 자력으로 취득했다고 보기 어려운 경우, 그 재산의 취득자금을 그 재산의 취득자가 증여받은 것으로 추정해 이를 재산취득자의 증여재산가액으로 합니다.

② 채무상환자금의 증여 추정
채무를 자력으로 상환했다고 인정하기 어려운 경우, 그 채무를 상환한 시점에 그 채무자가 증여받은 것으로 추정해 이를 그 채무자의 증여재산가액으로 합니다.

예를 들어, 특별한 소득이 없을 것으로 추정되는 자녀가 강남의 고가 아파트를 취득했을 때 취득자금을 입증하지 못한다면, 부모에게 증여받았을 것 같다고 추정하는 개념입니다.

그렇다면 입증하지 못하는 전체금액을 증여로 추정할까요?
세법에서는 입증해야 하는 금액 중 미입증금액이 기준금액에 미달하는 경우에는 증여 추정으로 보지 않습니다. 입증하지 못한 금액이 재산취득가액 등의 20% 또는 2억 원보다 적은 경우에 해당합니다.

예를 들어 30대 직장인 B씨가 6억 원의 아파트를 취득하면서 입증할 수 있는 금액이 5억 원이라고 가정해봅시다. 그러면 1억 원의 미입증금액이 생기는데, 전체 6억 원인 아파트의 20%나 2억 원보다 적은 금액이기 때문에 증여로 추정하지 않습니다.

증여 추정 배제 기준
앞의 내용과 비슷하지만 약간은 다른 증여 추정 배제 기준이 있습니다. 연령별로 취득재산 및 채무상환 금액이 아래의 금액 미만이면 증여 추정을 배제합니다. 단, 객관적인 증빙에 의해 증여받은 사실이 확인되면 증여세 과세 대상이 됩니다.

구분	취득재산		채무 상환	총액 한도
	주택	기타자산		
30세 미만인자	5,000만 원	5,000만 원	5,000만 원	1억 원
30세 이상인자	1억 5,000만 원	5,000만 원	5,000만 원	2억 원
40세 이상인자	3억 원	1억 원	5,000만 원	4억 원

- 소득·연령에 비해 재산취득이 과다하면 증여로 추정. 입증 책임은 수증자에게 있음.
- 연령별 일정 금액 이내는 증여 추정 배제

078

증여 의제
- 증여 의제란 무엇인가요?

증여 의제는 증여 추정과는 다른 의미로, 본질은 증여와 같지 않지만, 법률적 효력은 증여와 동일하게 처리하는 것을 말합니다.

증여 추정은 증여가 아니었음을 입증하면 번복되지만, 증여 의제는 추정과 다르게 경제적 실질이 증여와 다르지 않다고 판단하기 때문에 번복되지 않습니다.

실질을 증여로 간주하는 무거운 개념인 증여 의제는 중구난방으로 적용할 수 없고, 다음과 같은 사유에 해당하는 경우에 증여 의제로 보고 있습니다.

무상제공 또는 현저히 낮거나 높은 대가

재산이나 용역을 무상으로 제공하거나 통상적인 거래 관행에 비해 현저히 낮은 또는 높은 대가로 양도 및 제공받는 경우, 증여 의제가 적용됩니다.

명의신탁 등

실제 소유자와 명의자가 다르면서 조세 회피 목적이 인정되는 경우, 명의신탁재산에 대해 증여 의제가 적용됩니다.

특정 법인과의 거래

지배주주 등이 특수관계법인과 거래해 이익을 얻는 경우, 그 이익이 실질적으로 증여와 동일하다고 인정되면 증여 의제가 적용됩니다.

쉽게 풀어서 설명하자면, 증여 의제는 실질적 증여 효과와 조세를 회피하고자 하는 목적이 인정되는 다양한 거래와 행위에 대해 법적으로 증여로 간주하는 제도입니다.

> 🔔 핵 심 요 약
>
> - 실질이 증여와 같으면 법적으로 증여로 간주. 명의신탁, 특수관계 거래 등이 해당
> - 입증 책임의 기회를 주는 증여 추정과는 다르게 이미 증여로 간주하는 차이점이 있음.

079

아파트 재산 평가
- 아파트 증여재산가액의 산정은 어떻게 평가하나요?

　증여할 때 가장 궁금한 점은 '아파트 같은 가치의 변동성이 심한 부동산의 증여가액은 어떻게 산정되는가?'일 것입니다.

　증여재산의 평가 방법은 증여일 현재의 시가로 평가합니다.
　금전은 증여일 현재의 금액이 명확하기 때문에 이해하기 쉽지만, 아파트 같은 부동산의 경우 현재의 시가를 대부분 정확하게 알지 못합니다.

　세법에서 의미하는 시가란, 불특정 다수인 사이에 자유로이 거래가 이루어지는 경우에 통상 성립된다고 인정되는 가액을 말하는 것으로서, 증여재산의 시가는 증여일 전 6개월부터 증여일 후 3개월 이내의 기간 중 매매나 감정평가액, 수용, 경매 또는 공매가 있는 경우에 그 확인되는 가액을 말합니다.

　만약 증여일 전 6개월부터 증여일 후 3개월 이내의 시가가 없으면 증여일 전 2년 이내의 기간에 시가가 있는 경우 해당 금액을 시가로 볼 수 있습니다.

예를 들어, 자녀에게 2025년 6월에 종로의 32평 아파트를 증여했다고 가정해보겠습니다. 증여일인 2025년 6월을 기준으로 전 6개월부터 후 3개월까지(2024년 12월~2025년 9월) 같은 평수의 아파트 매매계약이 10억 원에 거래되었다면 10억 원을 시가로 판정합니다.

만약 매매계약이 기간 안에 2건이 거래되었다면 증여일인 2025년 6월에 가까운 날을 시가로 보고, 같은 날에 2건이 거래되었다면 평균액을 적용합니다.

이렇듯 증여 시기에 따라 하나의 부동산의 가격이 차이가 날 수 있으므로, 증여 시기 전후의 매매가액을 보고 증여 시기를 결정하는 것이 증여세 절세의 지름길입니다.

> **핵심요약**
>
> - 아파트는 보통 증여일 전 6개월 증여일 후 3개월 이내의 유사매매사례가액으로 평가

080

이혼과 사실혼 해소의 재산 분할
- 이혼과 사실혼 해소에 따른 재산 분할 시에도 증여세를 내나요?

이혼 재산 분할

혼인 생활 중 축적한 재산은 부부 공동의 노력으로 만든 재산이므로 누구의 명의로 되어 있든 이혼하면서 각자의 기여도에 따라 재산을 분할하게 됩니다.

이혼에 따른 재산 분할은 부부가 혼인 중에 취득한 실질적인 공동재산을 청산·분배하는 것을 주된 목적으로 하는 제도로서 재산의 무상이전으로 볼 수 없으므로 이혼이 가장이혼으로서 무효가 아닌 이상 원칙적으로 증여세 과세 대상이 되지 않습니다.

이혼 후 사실혼관계

세법은 원칙적으로 법률혼만을 인정하므로 사실혼 배우자는 배우자로 인정하지 않습니다. 그렇다면 이혼을 했지만 별거하지 않고 생계를 같이한다면, 재산 분할에 대해 이혼의 경우와 다르게 증여세를 과세해야 할까요?

양도소득세의 경우, 1세대에 대한 정의에 이혼 후에 사실상 동거하는 사실혼 배우자는 포함한다고 정의하고 있으나 상속세 및 증여세법에서는 이러한 규정이 존재하지 않습니다.

따라서 당사자들이 가장이혼이 아니면서 이혼 후에 사실혼관계를 유지한다고 해서 당초 이혼이 무효인 것이 아니므로 이혼의 경우와 마찬가지로 사실혼 상태의 재산 분할도 증여세 과세 대상이 아닙니다. 다만, 조세 회피 목적으로 가장이혼을 하는 경우 재산분할에 대해 증여세를 과세하는 사례가 있으므로 유의해야 합니다.

사실혼 해소에 따른 재산 분할

사실혼 관계를 유지하는 동안 부부가 공동으로 재산을 형성하고, 재산의 유지·증식에 기여했다면 그 재산은 부부의 공동소유로 보아 사실혼이 해소되는 경우에 재산 분할을 청구할 수 있습니다. 그리고 법률혼 이혼과 동일하게 증여세가 과세되지 않습니다.

- 이혼과 사실혼 해소에 따른 재산 분할은 증여세 과세 대상이 아님.
- 조세 회피 목적으로 이혼하는 경우 과세될 수 있음.

081

부동산 무상사용
- 부동산을 무상으로 사용해도 증여가 되나요?

　부모님이 보유한 상가 건물의 일부 공간을 자녀가 임차해서 임대료를 지급하지 않고 사업을 운영하는 경우가 있습니다. 또는 부모님의 재산을 담보로 대출을 받은 뒤 이자를 지급하지 않은 채, 그 자금을 본인의 사업에 사용하는 경우도 있습니다.

　가족 간의 거래라고 하더라도, '부모님 재산이니 임대료를 주지 않아도 되겠지', '이자는 생략해도 괜찮겠지'라는 생각으로 이용한다면, 증여세 과세 대상이 될 수 있습니다.

　부동산 무상사용이익이란, 특수관계인의 부동산을 무상으로 사용하거나 담보로 제공받아 대출을 이용할 때 발생하는 경제적 이익을 말하며, 이 이익에 대해 증여세가 과세됩니다.

과세 요건

부동산 소유자와 무상사용자가 특수관계인(예 : 부모와 자식)인 경우에만 적용됩니다. 단, 부동산 소유자와 함께 거주하는 주택은 제외됩니다.

이익 기준

무상사용의 경우, 5년간 부동산 무상사용이익이 1억 원 이상일 경우 증여세가 과세됩니다.

담보이용의 경우, 차입금에 대해 1년간 1,000만 원 이상의 이익이 발생하면 과세합니다.

따라서 부모님의 부동산을 무상사용하는 경우 적정한 시세의 임대료를 지급하거나, 담보대출의 경우 그에 상응하는 이자를 지급해야 합니다.

핵심요약

- 특수관계인의 부동산을 무상사용 시 5년간 무상사용이익이 1억 원 이상인 경우, 증여세 과세
- 담보이용의 경우 차입금에 대해 1년간 1,000만 원 이상의 이익이 발생한 경우, 증여세 과세

082

저가 양수 고가 양도에 따른 이익의 증여
- 재산을 싸게 혹은 비싸게 팔면 증여가 되나요?

가족 등 특수관계인 간 현저히 낮은 대가를 주고 재산이나 이익을 이전받거나, 반대로 현저히 높은 대가를 받고 재산이나 이익을 이전하는 경우 증여세가 과세됩니다.

일반적으로 시가보다 싸거나 비싸게 거래하는 경우는 제삼자인 타인보다는 가족처럼 특수관계인 사이에 주로 발생하기 때문에 현 세법에서는 특수관계인과 제삼자의 증여 기준을 다르게 정하고 있습니다.

특수관계인 간 저·고가 양수도의 경우 증여

시가와 대가의 차액이 시가의 30% 또는 3억 원 중 적은 금액 이상인 경우, 증여세를 과세합니다.

예를 들어, 아버지 소유의 시가가 12억 원인 아파트를 자녀가 6억 원에 사왔다면, 시가와 대가의 차액인 6억 원 중, 시가의 30%인 3억 6,000만 원과 3억 원 중 적은 금액인 3억 원을 차감하고 나머지 3억 원에 대해 증여세를 과세합니다.

제삼자에게 저·고가 양수도의 경우 증여

제삼자에게 저·고가 양수도의 경우 시가의 30% 이상인 경우 증여세가 과세됩니다.

예를 들어, 특수관계가 아닌 사람에게 12억 원인 아파트를 6억 원에 매매했을 경우, 시가와 대가의 차액인 6억 원 중 시가의 30%인 3억 6,000만 원을 차감하고 나머지 2억 4,000만 원에 대해 증여세를 과세합니다.

단, 제삼자 간의 저·고가 양수도의 경우 정당한 사유가 있는 경우(예 : 급매 처분 등), 증여세를 과세하지 않습니다.

이렇듯 세법상 증여는 특수관계인에게 엄격하므로 저·고가 양수도의 경우 기준금액에 어긋나지 않는 것이 증여세 절세의 지름길입니다.

핵심요약

- **특수관계인 간 저·고가 양수도 시**
  시가와 대가가 시가의 30% 이상 차이 또는 3억 원 중 적은 금액 이상인 경우, 증여로 간주해 증여세 과세

- **비특수관계 간 저·고가 양수도 시**
  시가와 대가가 시가의 30% 이상 차이 나면 증여세 과세. 단, 정당한 사유가 있는 경우(ex: 급매), 사유 있으면 과세 제외 가능

083

혼인·출산 증여공제
- 혼인·출산 시 얼마까지,
어떻게 세금 없이 증여받을 수 있을까요?

최근 "결혼하는 자녀에게 최대 1억 5,000만 원까지, 양가 부모를 합쳐 최대 3억 원까지 증여세 없이 지원할 수 있다"라는 말을 자주 들어보았을 것입니다.

이는 우리나라의 높은 결혼비용과 저출산 문제를 완화하기 위해, 2024년에 새롭게 도입된 혼인·출산 증여공제 제도에 관한 내용입니다.

도입된 지 얼마 되지 않은 제도이기에, 오랫동안 정착된 기존의 증여세 기본공제보다 상대적으로 배경지식이 부족한 경우가 많습니다.
따라서 이번에는 혼인·출산 증여공제와 관련해 많은 분들이 궁금해하는 주요 사항을 정리해보겠습니다.

혼인 증여재산공제, 출산 증여재산공제 중복 적용이 가능할까?
결론부터 말씀드리면 아닙니다. 혼인·출산 증여공제는 한 세트로 생각하면 됩니다. 혼인 증여공제를 받았다면 출산 증여공제는 받을 수 없습니다. 반대로 출산 증여공제를 먼저 받았다면 혼인 증여공제는 받을 수 없습니다.

재혼, 둘째 출산 시에도 적용 가능할까?

결론부터 이야기하면 반은 맞고 반은 틀립니다. 혼인·출산 증여공제는 생애 1억 원 한도로 한 번만 적용됩니다. 즉, 초혼 또는 첫째 출산에 증여공제를 받지 못했다면 재혼, 둘째 출산 시 적용을 받을 수 있고, 이미 초혼이나 첫째 출산 시 증여공제를 받았다면 재혼, 둘째 출산 시에는 받을 수 없습니다.

미혼인 상태에서 자녀를 출산하면 받을 수 있을까?

저출산 문제 해결을 취지로 도입된 제도인 만큼, 미혼 상태에서 자녀를 출산하거나 입양하더라도 출산 증여공제를 적용받을 수 있습니다.

언제까지 적용 가능할까?

혼인·출산 증여재산공제의 적용 기간은 혼인신고일 전후 2년, 또는 출산일·입양신고일 후 2년입니다. 즉, 혼인신고일 전후 2년, 출산일 또는 입양신고일로부터 2년 이내에 증여가 이루어져야 공제를 받을 수 있습니다.

반대로, 혼인신고일 전후 2년을 초과하거나 출산일·입양신고일로부터 2년이 지난 뒤에 증여를 받는 경우에는 공제 적용이 불가능합니다.

따라서 증여 시점을 반드시 기억해두어야 합니다.

현금 말고 다른 재산도 가능할까?

많은 분들이 현금으로만 공제가 가능하다고 생각하지만, 사실이 아닙니다. 현금, 부동산, 주식 모두 혼인·출산 증여재산공제 대상에 해당합니다. 다만 금액의 한도는 1억 원으로 같기 때문에 6억 원짜리 부동산을 증여한다고 해도 1억 원까지만 혼인·출산 증여공제를 받을 수 있습니다.

1억 원 한도인데 왜 최대 1억 5,000만 원, 양가 합쳐서 3억 원일까?

혼인·출산 증여재산 공제는 기존의 직계존속 증여재산공제와 별도로 특별히 적용되는 증여재산 공제입니다. 즉, 혼인·출산 증여재산 공제 1억 원과 기존의 직계존속 증여재산 공제금액 5,000만 원을 합쳐서 최대 1억 5,000만 원까지 증여세 없이 증여를 받을 수 있습니다.

> **핵심요약**
>
> - 혼인·출산 시 자녀 1인당 최대 1.5억 원(양가 합산 3억 원) 비과세
> - 혼인과 출산 중복 적용 불가. 생애 한 번만 가능

084

증여 후 매도
- 증여받은 부동산을 바로 팔면 양도세를 내나요?

"최근에 아버지에게 아파트를 증여받았는데, 가치도 오르지 않고 위치도 마음에 들지 않아 팔고 싶은데 지금 바로 팔아도 될지 고민 중입니다."

결론적으로 증여받은 부동산을 매매하는 것은 법적으로 금지사항이 아닙니다. 다만 세금 문제 때문에 반드시 체크해야 할 부분이 있습니다.

증여받은 부동산을 10년(2023년 이전 증여는 5년) 안에 매매하게 된다면, 이월과세 특례라는 규정을 적용받게 됩니다. 이월과세란, 증여받은 자산을 양도할 때 수증자의 증여받은 금액이 아닌, 당초 증여자가 취득할 때의 취득가액을 기준으로 양도소득세를 계산하는 제도입니다.

이월과세 요건

① 관계

배우자 또는 직계존비속에 해당합니다.

② 증여재산

토지, 건물, 시설물 이용권, 부동산을 취득할 권리에 적용됩니다.

③ 기간

수증자가 증여받고 양도하기까지의 기간으로 2022년까지 5년, 2023년부터는 10년이 적용됩니다.

예를 들어, 부부 간 증여의 경우 6억 원까지는 증여세가 없습니다.

만약 취득가액이 3억 원이고, 현재 시가가 6억 원에 달하는 부동산을 아내에게 증여 후 곧바로 6억 원에 매도한다면 증여세 및 양도소득세를 한 푼도 내지 않아도 되는 상황이 발생합니다.

이처럼 당초 양도를 했다면 '6억 원 - 3억 원 = 3억 원'만큼 해당하는 양도소득세를 내야 하는데, 양도소득세를 한 푼도 내지 않아도 되는 상황이 발생하므로 이처럼 꼼수를 쓰는 편법을 막기 위해 이월과세라는 제도를 마련한 것입니다.

이월과세가 적용되지 않는 경우

이월과세를 적용하지 않는 예외 상황도 있습니다.

① 1가구 1주택 비과세에 해당하는 경우

예를 들어, 배우자로부터 증여받은 재산을 양도할 때 1세대 1주택 비과세에 해당되면 이월과세 규정 적용 유무의 차이가 없기 때문에 이월과세 규정을 적용하지 않습니다.

② 수용 또는 협의 양도된 경우

예를 들어, 도시개발사업 등으로 국가에서 부동산을 강제로 수용 또는 협의 매수하는 경우에 수증자 입장에서 억울하다는 생각이 들 수 있기 때문에 예외적으로 이월과세 규정을 적용하지 않습니다.

③ 이월과세를 적용한 결정세액이 더 적은 경우

이월과세는 조세 회피 방지를 목적으로 하는 것이므로 이월과세 규정을 적용한 세액이 적용하지 않은 세액보다 적다면 해당 규정을 적용할 필요가 없기 때문에 이월과세 규정을 적용하지 않습니다.

이렇듯 증여받은 후 양도 시기에 따라 세금이 달라지므로 증여받은 물건의 양도 생각이 있다면 시기를 적정하게 선택하는 것이 절세의 지름길입니다.

🏠핵심요약

- 증여받은 재산을 매도할 경우 반드시 이월과세 규정 검토
- 매도 시기에 따라 양도소득세의 차이 발생

085

자녀, 손주 증여
- 자녀 vs 손주, 누구에게 증여해야 할까요?

저출산과 고령화 사회가 본격화되면서, 조부모가 손주에게 재산을 증여하는 사례가 급격히 늘고 있습니다. 과거에는 증여의 대상이 주로 '자녀'에 국한되었다면, 이제는 그 범위가 '손주 세대'로까지 확대되는 추세입니다.

이에 따라 자연스럽게 질문이 생깁니다.
'자녀에게 증여하는 것이 유리할까, 아니면 손주에게 직접 증여하는 것이 더 이익일까?'

이제는 그 차이를 한 번쯤 신중히 따져볼 필요가 있습니다.

세대 생략 증여

자녀가 살아 있음에도 불구하고 자녀를 건너뛰고 손주에게 증여하는 것을 '세대 생략 증여'라고 합니다. 단, 이때는 일반적인 증여세율에

30%를 할증해서 과세하며, 미성년자인 손주에게 20억 원 넘게 증여하는 경우에는 일반적인 증여세율에 무려 40% 세율이 할증됩니다.

자녀 증여 vs 손주 증여

단순히 이러한 세대 생략 증여 규정만 살펴본다면, 일반적으로 자녀에게 증여하는 것이 일반적인 증여세율만 적용되므로 훨씬 유리하다고 생각할 수 있습니다.

하지만 다음과 같은 상황에서는 오히려 손주에게 증여하는 것이 유리할 수도 있습니다.

1) 증여받은 자녀가 다시 손주에게 증여할 경우

B씨는 손주에게 1억 원을 증여해주고 싶지만, 세대 생략 할증을 피하기 위해 자녀인 C씨에게 1억 원을 증여하고, C씨는 다시 자녀인 D씨(성인)에게 1억 원을 증여할 계획을 세웠습니다.

이 경우, 처음 증여 시 1억 원에서 5,000만 원을 공제한 후 10% 세율을 적용하면 증여세가 500만 원이 나옵니다. 그 후 자녀에게 1억 원을 증여하는 경우 동일하므로 500만 원의 세금이 나오므로 총 1,000만 원의 세금이 나옵니다.

그러나 손주에게 바로 증여했다면 증여세 500만 원에서 30% 할증되므로 총 650만 원의 증여세가 나옵니다. 따라서 세대 생략 할증이 되더라도 증여세를 두 번에 걸쳐 내는 것보다 손주에게 바로 증여하는 것이 유리합니다.

2) 자녀에게 증여를 이미 많이 한 경우

A씨는 5년 전에 아버지에게 증여받은 7억 원이 있습니다. 아버지가 추가로 1억 원을 증여하려고 하는데, A씨에게 주는 것이 좋을지, 손자인 B씨에게 주는 게 좋을지 고민 중에 있습니다.

증여세는 10년 이내 증여재산에 대해 합산이라는 제도가 있기에 A씨가 받게 된다면 5억 원 초과 10억 원 이하 과세표준 구간으로 30% 세율로 과세됩니다.

하지만 손자인 B씨에게 바로 증여한다면 10% 세율구간에 할증된 13%의 세율로 과세됩니다. 이런 경우, 자녀에게 이미 증여를 많이 한 상태라면, 손자에게 증여하는 것이 유리합니다.

요약하자면, 세대 생략 증여가 할증과세됨에도 불구하고 자녀에게 증여하는 것보다 유리한 점이 있기에 증여 계획을 세울 때는 유불리를 반드시 따져보고 진행하는 것이 증여세 절세의 지름길입니다.

> **핵심요약**
>
> - 자녀에게 바로 증여할지, 손주에게 증여할지는 상황에 따라 다름.
> - 대부분 자녀에게 바로 증여하는 것이 증여세 부담이 적지만, 특수한 경우(자녀에게 이미 증여를 많이 한 경우)에는 손주에게 증여하는 것이 유리

086

보험금
- 보험금도 증여가 될까요?

계약자 및 피보험자는 어머니나 아버지, 수익자는 자녀인 보험의 경우 증여세가 과세될 수 있습니다.

세법에서는 모든 보험에 대해 증여세를 과세하지는 않고 생명보험이나 손해보험에서 보험금 수령인과 보험료 납부자가 다른 경우에는 보험사고(만기 보험금 지급의 경우를 포함)가 발생한 때에 보험료 납부자가 보험금 상당액을 보험금 수령인에게 증여한 것으로 보아 증여세를 과세합니다.

보험금의 증여 시기

보험계약은 사적인 계약이므로 보험료를 납입하는 동안 언제든지 수령자를 변경할 수 있습니다. 따라서 보험료 불입 중에는 수령자가 바뀔 가능성이 있으므로 증여로 보지 않습니다. 보험금의 지급 사유가 발생한 날에, 보험계약상의 수령자에게 증여한 것으로 봅니다.

보험금의 증여가액 결정

① 보험불입자와 보험금 수령자가 상이할 경우, 보험금 수령액 전부를 증여가액으로 합니다.

② 보험금 수령자가 일부의 보험료를 불입한 경우에는 보험금 수령액에서 보험금 수령자가 불입한 보험료를 차감한 금액을 증여가액으로 합니다.

③ 보험금 수령자가 보험계약자로부터 보험료 상당액을 증여받아 불입한 경우는 보험금 수령액에서 보험료 불입액을 차감한 금액을 보험금 증여가액으로 보고, 보험료 불입액 상당액은 별도의 증여로 보아 합산해 증여가액으로 합니다.

핵심요약

- 보험계약자 및 피보험자와 수익자가 다른 경우 증여세 과세
- 보험금의 지급 사유가 발생한 날을 증여 시기로 봄.

087

증여세 이중과세 조정
- 증여세와 소득세, 법인세 등이 이중과세가 되나요?

하나의 과세 대상에 대해 증여세도 부과되고, 소득세 등도 부과된다면 억울한 느낌이 들 수 있습니다. 다행히도 세법에서는 다음과 같은 이중과세를 조정하는 규정을 두고 있습니다.

수증자에 대한 이중과세 조정

증여재산에 대해 수증자에게 소득세 또는 법인세가 부과되는 경우에는 증여세를 부과하지 않습니다. 소득세 또는 법인세가 다른 소득세법, 법인세법 또는 다른 법률에 따라 비과세되거나 감면되는 경우에도 또한 증여세를 부과하지 않습니다.

수증이익에 법인세가 부과되는 경우

1) 원칙

영리법인이 증여받은 재산 또는 이익에 대해 법인세법에 따른 법인세가 부과되는 경우, 해당 법인의 주주 등에 대해서는 증여세가 부과되지 않습니다.

2) 예외

특수관계법인과의 거래를 통한 이익의 증여, 특수관계법인으로부터 제공받은 사업 기회로 발생한 이익 증여, 특정 법인과의 거래를 통한 이익 증여의 경우는 주주에게 증여세가 부과됩니다.

예를 들어, 특수관계가 없는 법인에게 증여받은 재산 또는 이익에 대해 이미 자산수증이익의 성격으로 법인세가 부과되므로 증여세를 추가로 부과하지 않는다는 것입니다.

- 증여재산에 대해 소득세 또는 법인세가 부과되는 경우, 증여세를 부과하지 않음.
- 단, 특수관계법인과 거래를 통해 이득을 얻게 되는 경우, 증여세가 과세될 수 있음.

088
계부, 계모
- 계부, 계모가 자녀에게 증여하면, 직계존비속과 동일하게 혜택을 받나요?

최근 사회는 급격한 이혼율의 증가로 인해 재혼 가정이 과거에 비해 많이 늘어나고 있습니다. 그렇다면 재혼 가정의 계부 혹은 계모에게 자식이 증여를 받는 경우 친부, 친모와 같은 증여재산공제 혜택을 받을 수 있을지 살펴보겠습니다.

직계존속이 직계비속에게 증여할 경우 성년이라면 5,000만 원, 미성년이라면 2,000만 원이 공제됩니다. 계부나 계모가 직계존속에 해당한다면 증여재산공제가 5,000만 원, 2,000만 원일 것이고, 기타 친족이라면 1,000만 원이 됩니다.

세법에서는 수증자의 직계존속과 혼인 중인 배우자(계부 혹은 계모)를 직계존속으로 판정합니다. 따라서 계부 혹은 계모에게 성년인 자녀가 증여를 받는다면, 일반적인 직계존속이 증여할 경우와 동일하게 5,000만 원의 증여재산공제를 적용받을 수 있습니다.

단, 주의할 점이 있습니다.

계부, 계모의 경우 사실혼은 인정되지 않고 법정혼의 경우에만 직계존속으로 봅니다. 또한 계부, 계모의 직계존속 인정 여부는 친부 혹은 친모와의 법정혼을 전제로 하기에 친부나 친모가 사망한 경우에는 직계존속에 해당하지 않고, 자녀와 계부, 계모 사이는 4촌 이내의 인척이 되어 기타 친족에 해당해 증여재산 공제는 1,000만 원이 가능하기에 주의해야 합니다.

- 직계존속과 혼인 중인 배우자는 동일하게 직계존속으로 봄.
- 단, 사실혼의 경우 인정되지 않으며 법정혼의 경우만 인정됨.

089

연대납세
- 증여세도 연대납세 의무가 있나요?

증여는 단순히 재산을 이전하는 행위를 넘어, 세법상 복잡한 의무를 수반하는 법률 행위입니다.

증여세는 수증자가 납부하는 것이 원칙이나 예외적인 상황에서 증여자와 수증자의 연대납세 의무가 있습니다. 이렇듯 예상치 못한 세금 부담이 이어질 수 있으므로 주의가 필요합니다.

증여세 연대납세 의무는 수증자가 증여세를 납부할 수 없는 경우, 특정 관계에 있는 자에게 그 세금을 대신 납부하도록 하는 제도입니다.

수증자의 무자력이 주된 요건이며, 단순히 세금을 회피하려는 목적이 아닌, 실질적으로 수증자가 납부 능력이 없는 경우에 해당합니다.

연대납세 의무 사유

① 수증자가 비거주자인 경우

② 수증자가 증여세를 납부할 능력이 없다고 인정되는 경우로서 강제 징수를 해도 증여세에 대한 조세채권을 확보하기 곤란한 경우

③ 수증자의 주소나 거소가 분명하지 않은 경우로서 증여세에 대한 조세채권을 확보하기 곤란한 경우

납부 범위

연대납세 의무자는 수증자가 납부하지 못한 증여세 전액에 대한 책임을 집니다. 본세는 물론이고, 가산세까지 부담할 수도 있다는 점을 명심해야 합니다. 다만 증여자가 수증자의 증여세를 대납하는 의미지만, 새로운 증여에 해당하지는 않습니다.

이렇듯 증여자가 예상치 못한 세금을 부담하는 연대납세 의무가 생길 수 있으므로, 증여 시에는 수증자의 증여세 납부 능력 여부를 반드시 체크할 필요가 있습니다.

- 세금 회피 목적이 아닌 실질적으로 수증자가 납부 능력이 없는 경우
- 증여세 연대납세 가능(가산세 포함 전액 부담 가능)
- 이러한 경우, 증여세 대납과 다르게 새로운 증여로 보지 않음.

090

무신고
- 증여세 신고를 하지 않아도 될까요?

보편적으로 생각하기에 증여는 가족 간에 서로 도우려는 마음을 나누는 행위지만, 세법의 시각은 다릅니다. 증여세 무신고는 생각보다 훨씬 심각한 결과를 불러올 수 있다는 사실을 간과해서는 안 됩니다.

가산세 폭탄

증여세 무신고가 적발된다면, 단순히 본세를 내는 것으로 종결되지 않습니다. 납부할 본세에 더해 무거운 가산세가 부과됩니다. 단순 무신고의 경우 본세의 20%, 고의적인 탈세 의도가 있다고 판단되면 본세의 40% 가산세가 부과됩니다. 여기에 납부 지연에 따른 이자 성격의 납부 지연 가산세까지 부과됩니다.

과세관청의 감시

많은 분들이 현금 증여를 했을 경우, 적발되지 않을 거라 생각하고 신고하지 않는 경우가 있습니다. 하지만 과세관청은 생각보다 훨씬 촘촘

하고 체계적으로 사실을 파악하고 있습니다. 금융정보시스템(FIV) 자료는 물론, 부동산 거래 정보, 타인에 의한 제보 등 다방면에서 감시를 하고 있습니다.

제척 기간

증여세는 기본적으로 국가가 결정하는 세목입니다. 납세자가 신고하더라도 최종적으로 과세관청의 결정에 따라 과세 여부와 세액이 확정된다는 뜻입니다.

즉, 증여세 제척 기간(일반적으로 10년, 고의의 경우 15년) 이내에 언제든지 과세관청의 결정이 있을 수 있으므로, 기간이 길어질수록 세금은 눈덩이처럼 불어나게 됩니다.

물론, 증여세 납부세액이 없는 경우 가산세를 부과할 본세 자체가 없으므로 위 상황에 해당되지 않겠지만, 추후 자금 출처 조사를 위해서라도 증여세는 납부세액의 유무를 따지지 않고 자진신고하는 것이 증여세 절세의 지름길입니다.

핵심요약

- 본세 외에 20~40% 신고불성실 가산세 및 납부 지연 가산세까지 부과. 따라서 증여는 어떠한 경우라도 자진신고 하는 것이 유리

091

증여 후 가치 상승
- 증여한 재산의 가치가 상승하면, 또 증여인가요?

부동산 등 재산을 증여한 뒤 일정 기간이 지나면서 그 가치가 상승하는 경우가 종종 있습니다. 이처럼 증여 이후 재산 가치가 오르면, 추가적인 증여세 과세 문제가 발생할 수 있습니다. 이 부분을 제대로 이해하지 못하면 예상치 못한 세금 부담이 생길 수 있으므로 주의가 필요합니다.

재산을 취득한 후 그 재산의 가치가 상승하면서 발생하는 상승분에 대해 증여세가 부과되는 경우가 있는지 알아보겠습니다.

재산 취득 후 가치 증가에 따른 이익의 증여

직업, 연령, 소득 및 재산 상태로 보아 자력으로 해당 행위를 할 수 없다고 인정되는 자가 다음의 사유로 재산을 취득하고, 그 재산을 취득한 날부터 5년 이내에 개발사업의 시행, 형질변경, 공유물 분할, 사업의 인허가 등으로 인해 이익을 얻는 경우에는 그 이익에 상당하는 금액을 그 이익을 얻은 자의 증여재산가액으로 봅니다.

① 특수관계인으로부터 재산을 증여받은 경우
② 특수관계인으로부터 기업의 경영 등에 관해 공표되지 않은 내부정
보를 제공받아 그 정보와 관련된 재산을 유상으로 취득한 경우
③ 특수관계인으로부터 증여받거나 차입한 자금 또는 특수관계인의
재산을 담보로 차입한 자금으로 재산을 취득한 경우

재산 취득 후 재산 가치 증가에 따른 이익의 미달 금액

이러한 규정은 세법에서 정한 기준 금액을 초과했을 때만 증여세가
과세됩니다. 법에 정한 기준금액은 재산 가치 증가금액이 당초 증여 당
시 재산 가치의 30% 혹은 3억 원 중 적은 금액을 넘는 경우입니다.

예를 들어 당초 5억 원짜리 집을 증여받았다고 가정하면, 가치 증가
분이 1억 5,000만 원 이상이 되어야 추가 증여 대상에 해당할 수 있습
니다.

이렇듯 세법은 특수관계인으로부터 증여받은 재산 가치가 특정 요인
으로 인해 상승한 경우, 이를 추가이익으로 보고 증여세를 추가 과세할
수 있는 근거를 마련하고 있습니다.

다만 이러한 과세 여부는 재산 가치 상승의 근거가 수증자의 노력과
무관한 외부 요인인지에 따라 판단됩니다. 가치 상승 원인이 특정인의
행위 또는 요인에 의해 발생했을 때 과세하는 것이며, 단순한 시장 흐름
에 따른 상승은 과세되지 않습니다.

즉, 수증자 개인의 노력이나 자연적 시장 변동, 통상적인 가치 상승분 외에 발생하는 이익만이 과세 대상에 포함됩니다.

- 직업, 연령, 소득 및 재산 상태로 보아 자력으로 해당 행위를 할 수 없다고 인정되는 자가 증여를 받고 5년 이내에 가치가 상승하는 경우, 상승분만큼 증여세가 과세됨.
- 단, 재산 가치 상승 금액이 당초 증여금액의 30%, 혹은 3억 원 중 적은 금액을 넘는 경우 증여세를 부과함.

092

차용증
- 부모와 자식 간에 차용증은 어떻게 쓰나요?

증여와 차용은 아주 밀접한 관계에 있으며, 특수관계인(예 : 부모,자식)의 경우 더더욱 경계선이 희미합니다.

증여와 차용의 법적 구분은 형식적 요건과 실질적 거래 성격에 따라 결정됩니다. 가족 간 금전거래는 원칙상 증여로 추정되므로 차용으로 인정받기 위해서는 차용증 작성 시 반드시 다음의 내용을 기억해야 합니다.

부모와 자녀 간 대비 서류
차용증 또는 금전소비대차계약서, 영수증, 이자 지급 내역, 예금통장 사본을 준비해야 합니다.

차용증 작성 시 기재 사항 및 주의 사항
먼저, 차용증에는 원금의 액수와 대여 일자, 이자율과 이자의 지급 방법, 원금의 상환 기간, 연체했을 경우 연체 이자율, 담보의 제공 유무 등을 기재합니다.

둘째, 원금을 빌린 날짜, 지급 일정 및 금액, 이체 내역은 반드시 꼼꼼히 기록합니다. 또한 이자 지급은 적어도 몇 개월에 한 번은 지급되어야 합니다. 몇 년 단위로 지급하려다가 자금 출처 조사 등 국세청에 적발이 먼저 된다면 그 부분에 대한 소명이 매우 어렵습니다.

셋째, 특수관계인 간 이자율은 4.6%입니다. 따라서 그 이하의 금액으로 이자를 지불하게 된다면 차액만큼 증여세가 과세되므로 주의해야 합니다.

마지막으로, 부모와 자식은 특수관계인이기 때문에 차용인정이 되지 않을 가능성이 다분하므로 공증을 받는 것이 좋습니다.

이렇듯 세법에서는 특수관계인 간의 차용을 쉽게 인정하지 않으므로 이러한 내용을 기억하고 꼼꼼하게 차용증 작성을 권고드리는 바입니다.

핵심요약

- 특수관계인 간의 차용은 증여로 보는 의심의 여지가 많음.
- 따라서 차용계획의 경우, 금전소비대차계약서, 이자 지급 내역 등 철저한 준비가 필요함.

093

자금조달계획서
- 자금조달계획서는 무엇이며, 어떻게, 왜 쓰나요?

자금조달계획서란, 말 그대로 해당 주택 및 토지의 취득자금을 어떤 식으로 조달할 것인지에 대한 계획서를 말합니다.

최근 부동산 시장에서는 투명한 자금 출처에 대한 소명이 화두로 떠오르고 있습니다. 특히 주택 매수계약서와 함께 제출하는 주택 자금조달계획서는 자금 출처 조사와 과태료 여부를 가르는 가장 핵심적이면서 기본적인 자료에 해당합니다.

자금조달계획서는 어떻게 쓸까?

2020년 9월 27일 거래계약분부터 모든 투기과열지구 및 조정대상지역과 비규제지역 6억 원 이상의 주택 거래 신고 시 자금조달계획서 제출이 의무화되었습니다.

자금조달계획서 작성 시에는 자금 출처를 자기자금과 차입자금으로 구분해서 기록해야 합니다. 자기자금 항목에는 예금 잔액이나 펀드 등 현금성 자산을 쓰면 되고, 차입자금은 금융기관의 대출, 가족이나 친인척의 차용금 등을 쓰면 됩니다.

자금조달계획서 항목 및 증빙 자료 예시

항목별		증빙 자료
자기자금	금융기관 예금	예금 잔액 증명서 등
	주식, 채권, 매각대금	주식 거래 내역서, 잔고증명서 등
	현금 등 자금	소득금액 증명원, 근로소득 원천징수 영수증 등 소득증빙 서류
	부동산 처분대금 등	매매계약서, 임대차계약서 등
차입 등	금융기관 대출	금융 거래확인서, 부채증명서, 금융기관 대출 신청서 등
	차입금	금전차용 증빙 서류 등
	임대보증금	임대차계약서

자금조달계획서는 왜 쓸까?

자금조달계획서는 부동산 매수 자금이 어디서 났는지 소명하는 문서입니다. 투기 방지, 탈세 방지, 그리고 자금 출처의 투명성 확보 때문에 작성하는 문서로, 기술한 자금 출처 조사와 가장 밀접한 관계에 있기에 추후 불시에 나오는 자금 출처 조사를 대비하기 위해 작성해야 합니다.

이렇듯 자금조달계획서는 향후 나의 자금 흐름을 설명하는 공식 자료이므로, 허위 없이 실제 자금 흐름에 맞춰 꼼꼼하고 신중하게 작성해서 자금 출처 조사에 대비해야 합니다.

- 모든 투기과열지구 및 조정대상지역과 비규제지역 6억 원 이상의 주택 거래 신고 시 자금조달계획서 제출이 의무
- 자금조달계획서는 향후 나의 자금 흐름을 설명하는 공식 자료이므로 흐름에 맞춰 신중하게 작성해야 함.

094
자금 출처 조사
- 자금 출처 조사는 무엇인가요?

자금 출처 조사라는 말을 한 번쯤은 들어보았을 것입니다.

세무 조사라는 큰 카테고리 안에 증여세를 타깃으로 하는 조사를 '자금 출처 조사'라고 합니다.

자금 출처 조사는 단순한 세금 문제가 아닙니다. 국세청이 납세자의 소득과 자산 흐름이 합법적인지를 종합적으로 검토하는 절차로, 탈루 정황이 의심된다면 차명계좌 세무 조사 및 통합 세무 조사까지 이어질 수 있습니다. 따라서 일반적인 사업자의 정기 세무 조사보다 더욱 집중적으로 분석한다는 점에서 반드시 이해와 대비가 필요합니다.

자금 출처 조사 대상

국세청은 다음의 기준에 따라 자금 출처 세무 조사 대상을 선정합니다.

① 미성년자나 소득이 없는 사람이 고가 자산을 취득했을 때

② 재산 규모에 비해 소득 수준이 맞지 않을 때

③ 수억 원 이상의 부동산을 구입했을 때

④ 부동산 거래가 단기간에 빈번했을 때

⑤ 자금 흐름에 이상한 패턴이 감지될 때

나의 소득으로 입증이 가능할까?

자금 출처 조사 대상 가운데 한 가지만 해당되어도 '정상 소득 입증'으로는 자금 출처 세무 조사를 피하기 어렵습니다. '연봉이나 기타 소득이 있으니 충분히 설명된다'라는 생각은 경계해야 합니다. 자금 출처 조사는 단순 소득 증빙만으로는 부족합니다.

은행 이체 내역, 가족 간 자금 이동, 대출 및 상환 기록, 저축 패턴, 소비 기록 등 이 모든 흐름을 종합적으로 구성해야만 합법적 자금 취득으로 인정받을 수 있습니다.

어떻게 대비해야 할까?

모든 세무 조사의 기본은 더하기 빼기입니다. 예를 들어, 내가 신고한 금액이 100만 원인데 내가 쓴 카드 내역, 직원들 급여, 투자 금액 등을 더해보니 200만 원이 나온다면, '100만 원 - 200만 원 = -100만 원', 즉 '-100만 원'은 나의 누락 금액으로 볼 수가 있습니다.

자금 출처 조사도 세무 조사의 카테고리 안에서 본질이 동일하므로 결국 더하기 빼기입니다. 예를 들어, 7억 원의 부동산을 취득했을 때 나의 총 원천 자산이 8억 원인데, 지출 소비 등의 부채가 3억 원이라면 '8 - 3 = 5억 원'이므로 취득자금 2억 원이 부족한 것으로 판단되어 증여로 의심받을 수 있습니다.

자금 출처 조사에 대비하기 위해서는 다음의 3가지가 중요합니다.

① 자금조달계획서를 세밀하고 정확하게 작성합니다.
② 조사 대상 기간 전후의 거래 흐름과 통장 내역을 면밀히 검토합니다.
③ 문제가 될 수 있는 금액을 사전에 파악해 위험이 확산되지 않도록
  대비해야 합니다.

이러한 모든 과정은 개인이 하기에는 벅차고 힘들기에 자금 출처 세무 조사 후 증여로 추징당하기 전에 전문 세무사에게 위임해 시작부터 끝까지 함께 진행하는 것을 권고드리는 바입니다.

- 자금 출처 조사는 철저한 대비 필요
- 합법적 자금 취득 내역 및 자금 흐름에 대한 명확한 사실관계 필요
- 소명하지 못할 경우, 증여세가 과세될 가능성이 크므로 사전에 전문
  세무사에게 위임해서 대비해야 함.

095

제출 서류
- 증여세 신고 시 제출 서류에는 어떤 것들이 있나요?

증여세는 증여일이 속하는 달의 말일부터 3개월 이내에 신고·납부해야 합니다. 그렇다면 단순히 증여세 신고서만 내면 신고가 완료되었을까요?

결론부터 말씀드리면 아닙니다. 증여세는 신고 시 증여재산의 성질에 따라 반드시 제출해야 하는 서류들이 존재합니다. 제출 서류를 갖추지 않고 신고하는 경우, 다시 제출해야 하기 때문에 번거로움을 방지하기 위해서는 다음과 같은 서류를 반드시 제출해야 합니다.

1) 증여자와 수증자 간 증여계약서

증여계약서는 증여자와 수증자가 증여의 의사를 명시하기 위해 작성하는 서면계약서입니다. 이는 모든 증여재산 신고 시 반드시 제출해야 하는 서류이며 증여자의 성명, 주민등록번호, 주소, 수증자의 성명, 주민등록번호, 주소, 증여재산 또는 재산권의 종류와 가액 등이 명시되어 있어야 합니다.

2) 현금 증여

현금 증여 시에는 통장 사본 및 이체 내역이 필수로 제출되어야 합니다.

3) 증여에 의해 소유권이전등기(예 : 주택 등 부동산)가 되는 경우

부동산 등을 증여하는 경우, 수증자의 소유권으로 이전등기가 됩니다. 증여세 신고 시 검인받은 증여계약서, 등기사항전부증명서와 부담부증여인 경우 부채증명원, 임대차계약서 등이 필요합니다.

4) 자동차, 주식 등 기타재산

자동차의 경우 자동차 등록증·증여계약서, 주식의 경우 주식 증서, 그 외 기타재산의 경우 증여된 재산의 종류에 따라 해당 증명 서류가 필요합니다.

증여세 신고를 원활하게 진행하기 위해서는 필요 서류를 미리 파악하고, 철저하게 준비하는 것이 중요합니다. 필요한 서류가 부족하면 증여세 신고가 지연되거나, 과세표준 산정에 오류가 발생해 추후 세무 조사를 받을 수 있습니다.

- 증여세 신고 시 증여재산의 성질에 따라 제출해야 하는 서류들이 다름.
- 공통 서류인 증여자와 수증자 간 증여계약서 외에 증여재산에 따라 증여세 신고 시 필수 서류를 제출해야 함.

096

채무변제
- 채무변제를 해줘도 증여가 되나요?

주위를 둘러보면 간간이 이런 이야기들을 들을 때가 있습니다.

"자식의 빚을 갚아주기 위해 아파트를 처분했다."
"부모님의 빚을 자식이 된 도리로서 탕감해드렸다."

이처럼 부모와 자식이 서로의 어려움을 나누고 함께 극복하는 일은 인간적으로는 따뜻한 장면이지만, 세법의 시선은 다릅니다.
세법은 납세자의 사정이나 감정적 배경을 고려하지 않고, 객관적인 재산 이동만을 기준으로 보기 때문입니다.

세법상 '증여'란, '자산의 무상 이전으로 상대방의 재산 가치를 증가시키는 것'을 말하므로, 채무의 변제 또한 상대방의 채무를 없애주는 것이기에 결과적으로는 '상대방의 재산 가치를 증가시키는 것'이라고 볼 수 있습니다.

증여 시기, 신고 기한 및 증여금액

채무변제로 인한 이익을 수증자가 받은 날로 가정하며, 그때의 금액을 증여금액으로 봅니다.

예를 들어, 채권자로부터 2025년 7월 1일을 기준으로 1억 원의 채무를 변제받은 경우, 증여재산가액은 1억 원이며, 증여 시기는 2025년 7월 1일이므로 2025년 7월 1일이 속하는 달의 말일로부터 3개월 이내인 2025년 10월 31일이 증여세 신고·납부 기한이 됩니다.

증여해서 갚을 것인지, 대신 갚아줄 것인지?

부모가 자식의 빚을 대신해서 갚아주는 경우, 현금을 증여해서 자녀가 직접 빚을 갚을 수도 있고, 부모가 직접 변제할 수도 있습니다. 표면상으로는 동일하게 빚을 대신 갚은 것이지만, 어떤 방법으로 갚았는지에 따라 문제 양상이 달라질 수 있습니다.

그 이유는 기술한 연대납세 의무에 있습니다.

예를 들어, 자식에게 현금으로 증여해서 빚을 갚은 경우 자녀가 증여세를 납부할 능력이 없다고 인정된다면 연대납세 의무가 생기므로 예상치 못한 증여자의 증여세 납부 상황이 오기 때문입니다.

반면, 부모님이 직접 해당 빚을 상환하는 경우에는 채무면제이익에 해당하고, 해당 규정이 적용될 때는 수증자가 증여세를 납부할 능력이 없다고 인정되는 경우입니다. 따라서 강제징수를 해도 증여세에 대한 조세채권을 확보하기 어려운 경우, 부모님의 증여세 연대납세 의무가 면제되는 규정이 있습니다.

　그러므로 가족 중 부모님이나 자녀가 서로의 빚을 대신 변제하는 경우, 현금을 증여해서 변제하는 것보다는 직접 변제하는 것을 권고드리는 바입니다.

- 증여는 타인에게 무상으로 재산을 받아 수증자가 내는 세금이며, 경제적 실질이 증여라면 과세됨.
- 채무변제 역시 실질은 타인에게 무상으로 빚을 탕감하게 되므로 증여세가 과세됨.

097

공동사업자
- 공동사업자 증여가 무엇인가요?

개인사업자의 경우, 법인전환이 어렵거나 혹은 법인전환 생각이 없지만, 사업과 관련해서 증여하고 싶은 경우, 가족과 함께 공동사업 형태로 사업을 운영하는 것을 고려해볼 수 있습니다. 바로 자산과 소득을 가족 간에 분산시켜 절세 효과를 노리는 방법입니다.

이러한 경우, 사업 지분을 가족에게 증여하는 과정에서 증여세 및 소득세 이슈를 같이 살펴보고자 합니다.

공동사업 지분 증여 – 증여세

사업장의 지분을 증여할 경우, 지분에 해당하는 재산가액은 증여세 과세 대상입니다. 증여재산가액의 평가는 증여일 기준 공동사업체의 자산에서 부채를 차감한 순자산가액 중 증여자의 지분만큼을 기준으로 평가합니다.

공동사업 소득분배 - 소득세

기본적으로 공동사업 소득은 지분율(소득분배 비율)에 따라 분배합니다.

특수관계인 간 거짓된 비율로 소득을 분배하거나 실제 지분 비율과 다른 신고를 할 경우, 과세관청은 실질적인 주된 공동사업자에게 소득을 합산해 과세할 수 있으므로 주의해야 합니다.

공동사업 소득금액을 지분과 달리 분배하는 경우, 추가적인 문제

소득분배를 거짓으로 달리 분배하는 경우, 소득을 합산해서 과세할 수 있는 문제가 발생할 뿐만 아니라 공공사업에서 발생한 소득금액을 공동사업자 중 일부가 포기함에 따라 본인의 지분을 초과해서 소득을 얻었다고 판단해 증여세가 과세될 수 있습니다.

개인사업장의 지분 증여를 통한 공동사업 전략은 증여세 부담 완화, 소득세 절세라는 2마리 토끼를 잡을 수 있는 유용한 방법입니다.

그러나 사전에 관련 이슈와 세법에 대한 충분한 검토가 필요하며, 특히 지분 증여 시 추가적인 과세를 피하기 위해서는 부당한 손익분배 비율을 지양해야 합니다.

🏠 핵 심 요 약

- 사업장의 지분을 공동사업자에게 넘기는 경우 증여에 해당
- 공동사업은 자산과 소득을 가족 간에 분산시켜 절세 효과를 기대할 수 있으나 거짓으로 분배하는 경우, 추가적인 과세 문제가 있으므로 주의

098
배우자증여
- 배우자증여, 어떻게 활용할까요?

배우자 증여공제는 무려 10년 단위로 6억 원까지 공제되는 현 증여세법의 증여공제 규정 중 큰 금액에 속합니다.

많은 분들이 단순히 배우자에게 자산을 증여하는 이점을 '재산 분산'이나 '명의이전' 정도로 생각하지만, 사실 배우자 증여공제는 활용을 잘하면 향후 상속세 절감 효과와 비과세 한도를 통한 절세 전략으로 쓰일 수 있습니다.

상속세 절감을 위한 전략

예를 들어, A씨가 6억 원의 아파트를 부인인 B씨 명의로 구입했다고 가정합니다. 부인이 소득이 없더라도 부부간 증여재산공제액 6억 원 이하이므로, 부인 명의로 아파트를 구입한 것에 증여세를 과세하지 않습니다.

추후 A씨가 사망했을 경우, 부인의 명의가 아닌 A씨의 명의로 아파트를 취득했다면 상속재산가액에 포함되어 상속세가 과세됩니다.

반대로 부인의 명의로 구입했을 경우, 증여일로부터 10년이 지나면 포함되지 않으므로 상속세 부담을 줄이는 데 효과적인 전략입니다.

증여를 통한 자산 보호

배우자 명의로 재산을 10년 단위로 분산해두면 혹시 모를 사업 실패나 채무 등 위험에서도 일정 부분 자산을 보호할 수 있습니다.

예를 들어, 남편의 사업 실패로 재산이 압류되는 경우, 부인 명의로 된 재산은 법적으로 분리되어 보호받을 수 있습니다. 이는 특히 개인사업자나, 자영업자에게 매우 중요한 배우자 증여를 통한 자산 보호입니다.

이렇듯 배우자 증여공제를 활용하면 불필요한 세금 부담을 현저히 줄일 수 있고, 재산을 지킬 수도 있습니다.

핵심요약

- 배우자 증여공제는 일반적인 증여공제 중 가장 절세 효과가 큼.
- 상속세 절감 및 증여를 통한 자산 보호의 전략으로 활용될 수 있음.

099

금전무상대출 등
- 금전을 무상 또는 저리로 대출받으면 증여세가 과세되나요?

증여는 기본적으로 '자산의 무상 이전으로 상대방의 재산 가치를 증가시키는 것'이므로, 금전을 무상 또는 저리로 대출받는 경우 이자 상당액의 이익을 얻은 것으로 보아 증여세가 과세될 수 있습니다.

과세 대상

타인으로부터 금전을 무상 또는 적정이자율보다 낮은 이자율로 대출받아 얻는 이익

① 증여세 납세의무자

무상 또는 저리로 금전을 대출받은 자

② 증여 시기

금전을 대출받은 날(대출 기간이 1년 이상인 경우, 1년마다 새로 대출을 받은 것으로 봄)

③ 증여재산가액

이익을 얻은 아래의 금액이 1,000만 원 이상만 적용

- 무상 대출 : 대출금액 × 적정이자율(4.6%)
- 저리 대출 : 대출금액 × 적정이자율 - 실제 지급한 이자 상당액

경정 등의 특례

금전 무상 대출 등에 따른 이익의 증여 규정에 따라 증여세를 결정 또는 경정받은 자가 대출 기간 중에 금전 대출자의 사망 등으로 무상 대출 등이 종료된 경우에는 그 사유가 발생한 날로부터 3개월 이내에 결정 또는 경정을 청구할 수 있습니다.

단, 이러한 규정은 특수관계인이 아닌 경우, 거래의 관행상 정당한 사유가 있다고 인정될 때는 증여세를 과세하지 않습니다.

즉, 특수관계인(예 : 부모와 자식)의 경우는 예외 없이 위의 규정이 적용되므로 금전 대출 시 항상 유의하길 권고드리는 바입니다.

핵심요약

- 금전을 무상 또는 저리로 대출받은 경우, 증여세가 과세될 수 있음.
- 특수관계인의 경우 무상이나 저리 대출로 얻은 이익이 1년간 1,000만 원 이상인 경우 예외 없이 적용하나, 비특수관계인의 경우 관행상 정당한 사유가 있다면 증여세가 적용되지 않음.

100
현금 증여
- 현금을 주면 모르지 않을까요?

대부분의 사람들은 다음과 같이 생각할 수 있습니다.

"몰래 현금으로 주면 모를 테니 증여세를 신고하지 않아도 아무 일 없을 것 같은데, 굳이 신고해야 할까요?"

이러한 물음에 대한 답은, 신고를 해야 합니다.

국세청은 정부기관 중에서도 가장 많은 정보를 보유하고 있는 곳입니다. 전산시스템도 날이 갈수록 발전해서 웬만한 변칙적 탈세 행위는 놓치지 않고 전부 잡아낼 수 있습니다.

물론 국세청도 개인 간 현금 증여 행위는 바로 알아차리지 못하고 그냥 지나치는 경우가 꽤 있습니다. 그렇다면 현금 증여를 정직하게 신고하고 증여세를 내는 사람만 바보가 되는 것일까요?

절대 그렇지 않습니다. 당장은 국세청의 눈을 피할 수 있어도 몇 년 뒤에 걸리면 본세에 버금가는 거액의 가산세까지 추가로 납부할 가능성이 크기 때문입니다.

예를 들어, 세무 조사에서 9년 전에 신고하지 않은 현금 증여가 발견되면 가산세는 본세의 약 90%가 부과됩니다. 증여세가 1억 원이라고 가정하면, 가산세가 9,000만 원이라는 이야기입니다. 제때 신고·납부하지 않은 대가로 본래 내야 할 세금의 약 2배를 내야 합니다.

국세청은 소득과 지출에 관련한 분석시스템을 개발해 2009년 12월부터 업무에 활용하고 있습니다. 그 시스템이 바로 PCI(property consumptiom and income analysis system), 즉 소비지출 분석시스템이라고 하며, 어떤 개인의 소비 지출이 그가 세무서에 신고한 소득을 초과할 경우, 이를 적출해 세금을 부과하는 방식입니다.

국세청의 이러한 시스템에 의해 고액의 현금 증여를 받더라도 본래 목적인 부동산 등 재산 취득을 할 수 없으며, 생활비 등 소액의 소비자금으로만 사용할 수밖에 없게 됩니다.

또한 상속이 발생한 경우, 피상속인의 10년간 계좌이체 내역을 조사하므로 현금인출 금액을 증여로 보는 경우도 생길 수 있습니다.

결론적으로 당장의 이익을 위해 현금 증여를 신고하지 않는 방법은 옳지 않으며, 현금 증여도 기타 다른 재산과 동일하게 신고·납부하는 것이 증여세 절세의 지름길입니다.

- 국세청은 금융 거래·부동산·신고 자료를 통해 현금 증여도 추적 가능함.
- 현금으로 주면 모를 것이라 생각하지만, 나중에 적발되면 본세+거액의 가산세를 부담함.

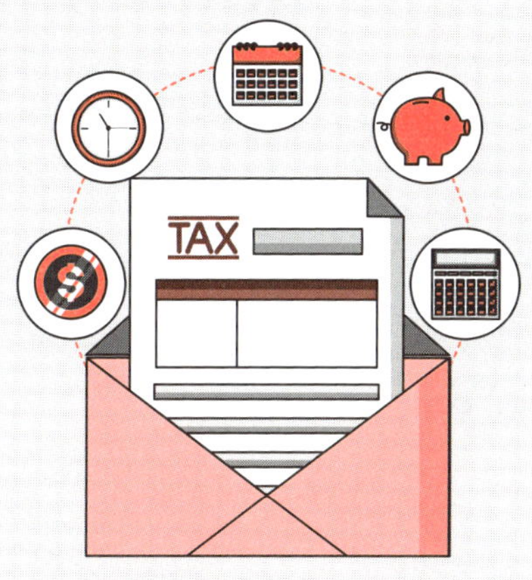

TAX

100가지 키워드로 쉽게 풀어 쓴

상속·증여
절세노트

제1판 1쇄 2026년 1월 3일

지은이 이상화, 이승택, 백인협
펴낸이 한성주
펴낸곳 ㈜두드림미디어
책임편집 최윤경
디자인 김진나(nah1052@naver.com)

㈜두드림미디어
등 록 2015년 3월 25일(제2022-000009호)
주 소 서울시 강서구 공항대로 219, 620호, 621호
전 화 02)333-3577
팩 스 02)6455-3477
이메일 dodreamedia@naver.com(원고 투고 및 출판 관련 문의)
카 페 https://cafe.naver.com/dodreamedia

ISBN 979-11-24026-15-1 (03320)

**책 내용에 관한 궁금증은 표지 앞날개에 있는 저자의 이메일이나
저자의 각종 SNS 연락처로 문의해주시길 바랍니다.**